不思議な文字たちを書き込んで、
神秘の力を自分に宿す

幸運を引き寄せる
神《しん》代《だい》文《も》字《じ》
なぞり書き帖

秋山眞人

日本文芸社

はじめに

神様とつながるなぞり書きで幸運を導く

ようこそ、神代文字の世界へ。これから本書を通して神代文字を学ぶ方は、とても幸運であると思います。

日本には、古くから伝わる神聖なる文字があります。

その文字を綴り、眺め、唱えることで、高貴な存在につながることができ、その強いご加護によって幸運がもたらされるとしたら、どう思われるでしょうか。本書は単なるおまじない本や願望実現本ではありません。

私はこれまで100冊以上の著作物を上梓してきましたが、神代文字だけをテーマとして扱った書籍は、今回が初めてです。私にとって神代文字の秘密はとても大切にしてきた奥義でもあります。

振り返れば13歳の頃にUFOを目撃して以来、図らずも超自然的な力を体験し、超能力少年として注目された時期もありました。その後、大学院にて宗教学を修め、スピリチュアリズムの実践者としてもさまざまな研究を重ね、50年近くになります。その神秘に深く魅了され、実践を繰り返してきた神代文字も、大事な研究対象の一つです。

古代の文字や歴史については数々の論議が巻き起こっています。神代文字については、長い歴史のなかで、時の権力者によって都合の良いかたちで伝えられてきたことも多く、さらには真偽を確かめるために必要な証拠となる事物が散逸したり、時には意図的に破壊されたりしてしまうこともあったとされています。現在も、「ハングル文字に似ているからパクリだ」とか、「現代の音順に表記されているからウソだ」などと言う人が後を絶ちませんが、反論もたくさん出ています。逆に神代文字で世界の多くの古代文字が読めると論じる人もいるほどです。

未だ謎が多い神代文字ですが、自らの手で書き、眺め、声に出して唱えることで、この文字の持つ神秘を存分に感じることができるでしょう。私自身、まさに「呪術」「魔術」としか言えないような神代文字の威力に、これまで何度も驚かされてきました。

あなたの体内に眠る呪力・霊力を呼び覚まし、広大な宇宙へとアクセスするためのパスポートの役割を果たすのが、この神代文字なのです。

本書は、この呪術をよりよく活かすための「実践の書」です。

それでは、神代文字の奥深い世界へと冒険に出て参りましょう。

秋山眞人

Contents

第3章 神代文字で幸せを引き寄せる

第4章 神代文字で自分だけの御守をつくる

おわりに

特別付録

第1章

呪力・霊力を持つ神代文字

「神」の時代につくられたとされる、不思議な力を持つ「神代文字」。

あまりに強い霊力が宿っているこの文字たちは、一部の権力者たちの間でひっそりと使われてきました。そんな神秘の文字の秘密に迫っていきましょう。

神聖な存在と結びついていた神代文字

漢字より遥かに古い歴史を持つ神代文字は、不思議な力を宿し、神聖な存在とつながれる文字として、古来より「秘術」として用いられてきました。

呪力を発揮する音や文字

昨今、「呪術」や「呪力」といったものが改めて注目を集めるようになったのは、非常に喜ばしいことだと思っています。

これらは決して他者をおとしめる力ではありません。

古代の人々は、聖なる存在を常に身近に感じながら生きていました。例えば、すべての源である太陽を崇拝し、そこに霊性を見出すという精神は、古来、世界中の人々に共通するものでした。自分たちが宇宙とつながっていること、そして、神様などの大いなる存在に守られていること。そういった概念は、当たり前のように彼らの日常のなかに溶け込んでいたのです。

こうした信仰心の象徴として現在でも残っているのが、音や文字だと言えるでしょう。例えば、イタリアで考案されたと言われている音階の「ドレミファソラシ」は、宇宙の根源的な部分に意識をつなぐ、究極の癒やしの呪文として誕生したとされています。

もちろん日本でも、邪気を祓《はら》ったり、「神がかり」を起こしたりするため、古くから音や呪文（文字）が用いられてきました。

大いなる宇宙とつながり、自身のなかの霊力や呪力を呼び覚ますための鍵として、音と文字は存在していたのです。

歴史の裏に秘められた、神聖なる文字

ここで、本書のテーマである「神代文字《しんだいもじ》」に話を移しましょう。

紀元1～4世紀頃、日本に漢字が伝来すると、それらの一部からつくられたカタカナや、それらを簡略化したひらがなが派生し、やがて日本独自の漢字もつくられて、今日へとつながる文字体系が発展してきたことは、皆さんも学ばれたことがあるかもしれません。

こうした教科書に載っている「定説」としての

歴史の裏側で密かに存在していたのが、「神代（しんだい・かみよ）文字」です。**「神代《かみよ》」とは日本神話において神々が人々の身近に感じられた時代を指します。神代文字とはその時代に用いられていた文字の総称**なのです。

つまり神代文字の歴史は、日本最古の歴史書とされる『古事記（712年）』や、続いて編纂された『日本書紀（720年）』で「初代」として記録される神武天皇の御代よりずっと古いものであり、漢字の伝来より遙か以前から使われてきたということがわかります。

神代文字の成り立ちとしては、古来の人たちが行っていた、カメの甲羅を用いた占い（亀卜《きぼく》）が発端であると考えられています。彼らはアオウミガメなどのカメの甲羅に穴を開け、線香の火で炙《あぶ》り、そこにどんなヒビ割れが現れたかによって、「兆し」や「啓示」を得ていました。その占術の方法やヒビ割れの見方などの手引き、いわば「マニュアル」が、神代文字による最初期の記録ではないかと考えられています。

ちなみに、カメの甲羅で占うというと、いかにも古代らしい牧歌的な響きを感じるかもしれません。しかし、令和となった現代でも皇室行事の一つである大嘗祭《だいじょうさい》を行う際には、どこの地方の米を備えるかを決める時には亀卜が使われており、消して遠い過去の話というわけではありません。

そして、神代文字の存在は、現在でも遺跡や古墳、石碑、木片などから見つかることもありますが、なんといっても特徴的なのが、古い神社の御神体や神璽《しんじ》、守符、御札や御守、あるいは石碑などに多く用いられていることです。**神代文字が、古くから神々に愛され、神聖なる存在との結びつきが深かった文字であることがよくわかります。**

しかしながら、神代文字は一般的な文字とは異なり、あまりその存在を公《おおやけ》にされることはありませんでした。時の権力者や神職者、あるいは霊的職業者によって意図的に隠されたりしながら、ひっそりと現在まで受け継がれてきたのです。

時に禁断の魔術として使われたことも

神々に愛された文字でありながら、なぜ神代文字の存在は、ここまで密やかに扱われてきたのでしょうか。それは、この文字のあまりに強い呪力によるものだと考えると納得できます。

神々に愛されたこの神代文字は、書くことで不思議な力とつながり、奇跡を起こすことができると考えられていました。そのような**強い力を秘める文字は、誰もが知ること、使うことのできるものではない、まさに「秘術」だった**のです。

力を持つ一部の者だけが知り得る情報があるのは、世の常だと言えるでしょう。神代文字も例に漏れず、その力を自分たちだけで独占したいと願った権力者たちによって、固く守られてきたのです。

　彼らは神秘の力を呼び覚ますため、願いを叶えるために、これらの文字をひっそりと活用していました。あるいは、敵や好ましくない相手の力を封じ込めるために用いられていたこともわかっています。

　その方法とは、相手の力を弱らせる文字をしたためた書を用意して封を閉じ、相手に気づかれないように送りつけるというもの。このように**神代文字は、不思議な力を自分に降ろすことで、思い通りに相手をコントロールする、まさに「禁断の魔術」として用いられていたことも、少なくなかったのです。**

国学の隆盛とともに注目が高まる

　秘められた存在であった神代文字でしたが、そこに魅せられた数々の神道家や研究者らによって探究されるようになると、真偽を巡ってさまざまな論議が繰り返されることになります。

　なかでも大きな分岐点になったのは、江戸時代の中頃に日本独自の精神性を明らかにしようとする「国学」が隆盛し、神道家で国学者であった平《ひら》田《た》篤胤《あつたね》が『神字日文伝《かんなひふみのつたえ》（１８１９年）』のなかで神代文字を取り上げたことです。

　国学とは、『万葉集』や『古事記』などの日本の古典の研究を重んじ、大陸から持ち込まれた儒教や仏教などの影響を受けていない、日本固有の精神を探ろうとする学問です。

　その発展をもたらしたのは、『古事記』の研究に勤しみ、「もののあはれ」の情が日本人固有のものだと唱えた本居宣長、そしてその流れを継承し、さらに国学を大成させた平田篤胤でした。復古神道を大成し、日本古来の道に帰るべきだと説いた平田篤胤は、神代文字の研究にも心血を注いでいたのです。

　なぜ、彼はこれほどまでに神代文字に魅了されたのでしょう。それは単純にこの文字が由緒ある文字であったというだけでなく、その謎多きところにも、ロマンを掻き立てられたからだと言えるのではないでしょうか。

神代文字の「表意文字」としての役割

　神代文字が使われているそのほかの例を挙げてみましょう。中国の神仙信仰と神道が結びついた、独特の思想を携える四国の宮地神仙道《みやぢしんせんどう》には、実に複雑な神代文字が残っています。その文字は、独自に発展した文字と図形が織り込まれた、精緻《せいち》なサブリミナルアートのようです。

このように、文字なのか、記号なのか、部外者にはよくわからないものもあるのが、神代文字の特徴です。詳しくは後でご説明しますが、この**「ぱっと見て何が書いてあるかわからないこと」にも大きな意味がある**のです。

神代文字の特徴をさらに掘り下げるために、漢字の起源を思い起こしてみましょう。

漢字とは、ものの形を抽象化して生まれた「象形文字」の一種でした。わかりやすいところでは、「山」という字は大地が盛り上がって山型になっているところからきていますし、「川」は水の流れを表しています。

このように視覚的に、もしくは概念的に「意味」を表す文字を「表意《ひょうい》文字」と言います。物事の図像を抽象化し、ある種の記号としての役割を持つようになっているのです。表意文字には人類最古のメソポタミア文明の文字とされるシュメール文字（楔形《くさびがた》文字）や、ヒエログリフなどで知られるエジプト文字などがあります。これらはどこかエキゾチックで神秘的に見えがちですが、図像として発展した記号的な文字体系です。

シンプルな線のように見える神代文字も、実は霊的な概念を象徴したものであり、そういった意味で、表意文字であると言えます。**神秘的な存在のシンボルであるからこそ、各文字に絶大な力が宿り、パワーを発揮する**のです。

音を置換する「表音文字」としての機能

一方、アルファベットなど、一つの文字で音素《おんそ》（音の最小単位）や音節を表すものを「表音《ひょうおん》文字」と言います。日本語では、現在のひらがな、カタカナは表音文字的に使われています。

本書で扱う阿比留《あひる》文字（26ページ）には、こうした表音文字としての側面もあり、ものや人の名前、祝詞《のりと》などのフレーズを置き換えて表すことができます。

ですから**神代文字には、目で見ることができるシンボルとしての意味合いに加えて、音として発しても強い力が宿っている**のです。

神代文字でシンクロニシティを起こす

運気を読んだり、願いを引き寄せたりする力は、本来誰しもが持っているもの。「集合無意識」にアクセスできる神代文字を用いることで、その力が開花していきます。

誰もが超能力の使い手になれる

さらに神代文字の奥深い世界に分け入っていきましょう。

冒頭でも述べましたが、このところ巷では「呪術」がブームになっているようです。エンターテインメントの分野で魔術やスピリチュアルな世界が取り上げられるのは、今に始まったことではありませんが、これらの世界は決して特別なものではありません。

未来を予期したり、願った通りに現実を創造したり、不思議な力にコンタクトしたり……**いわゆる「特殊能力」と言われるような力は、実は誰しもが持っているものであり、方法さえつかめば、開花させることができる**のです。

「自分はそういう体質ではないから」と思うかもしれませんが、いわゆる「虫の知らせ」を受け取った、なんとなく予感が当たった、あるいはふと誰かを思い出した直後、その人に偶然会った、というような経験をしたことはありませんか？　実際に私たちには、このように未来を読んだり、望んだことを叶えたりする力が備わっています。

今では「引き寄せの法則」という言葉もすっかり定着しましたね。望む世界と同調し、願いを叶えるというこの法則も、神代文字の力を味方につければ、さらなる効果を発揮することができるでしょう。**神代文字を書いたり、唱えたりすることで、時間や空間を超越した神代文字からのエネルギーが、あなたの念や想いに宿る**からです。

シンクロニシティの不思議

ここで、願望実現には不可欠な「シンクロニシティ」についてお話をしましょう。

スイスの心理学者であるカール・グスタフ・ユングは、深層心理を研究し、分析心理学を発展させた研究者として知られています。

同じように無意識の領域を研究したジークムント・フロイトは、無意識を個人の領域のものとしていたのに対し、ユングは「**集合無意識**」という概念を提唱しました。これは、個人のレベルを超え、すべての人類に共通する無意識の領域のことを指し示します。

私たちすべての人類の無意識はつながっていて、例えば誰かの心のなかにふと浮かぶ映像と、外の世界で発生する事象との間に、時間を超越した運動、あるいは共鳴のような現象が起きます。

このような意味のある偶然の一致や共時現象を「**シンクロニシティ**」と言います。例えば、何となく胸騒ぎがした直後に知り合いの訃報が入ったり、あるいは、欲しいと思っていたものを、そのことを知らない誰かがちょうどくれたりといった、本来であれば因果関係のないはずの二つの出来事が結びついて起こる、不思議な偶然のことを指します。

意識の構造はよく、水に浮かぶ氷の塊に例えられます。顕在意識（認識することができる意識）が「氷山の一角」だとしたら、無意識は水面下の膨大な氷の塊と言えます。集合無意識はさらにその下に存在し、つながっているのです。

つまり、あなたに日々起こること、あなたが意識することは、全人類の意識とつながっているということです。もちろん、逆も然りです。**誰かの思いは、別の誰かの思いに作用する**のです。

私も最近で言うと、「ずっと研究してきた神代文字について誰かに話したいな」という気持ちが強くなっていたところ、そのことについて特に誰かに話したわけでもないのに、この本の執筆のオファーが入りました。さらにその直後に、別の出版社からも、同じテーマでの雑誌の寄稿の依頼が入りました。

これは、出版社の担当者たちと私の無意識とが、水面下でつながっていたからこそ起きたシンクロニシティだと言えるでしょう。

神代文字は集団無意識への架け橋

心理学者として知られるユングですが、実は優れた霊能力を持つチャネラーでもありました。

彼の著作で『赤の書』（創元社）という私的な日記が近年になって公開されたのですが、ここには彼が残したイマジネーション豊かな図版の数々が掲載されています。そのなかに、神代文字によく似た記号やシンボルが数多く登場するのです。

ユングは古代日本の文字など、知るよしもなかったでしょう。しかし、非常によく似た形のシンボルや文字のようなものを多数残しているのです。このことからも、**神代文字もある種の普遍的な力を持っている**ことがわかります。そしてユングが、それこそ集団無意識からこの情報を得たのだと思えてなりません。書き残した文字たちは、彼が大いなる存在からキャッチした、膨大な交信記録なのです。

こういったことから私は、**神代文字は集団無意識につながる鍵になる**と確信しています。壮大な集団無意識の世界にアクセスし、自分の枠を超えて能力を引き出したり、望む幸運をつかんだりできることを、ユングが私たちに教えてくれているのです。

音に宿る神聖さの不思議

目で見るシンボルとしてだけでなく、神代文字で書いたものを唱えることによっても、同じように力を発揮することができます。

音は波動そのものです。人々は古来より、祈り、あるいは呪いの力を込めて、言霊・音霊を発してきました。音の持つ神秘、そして呪術性は古代ギリシャのプラトンの時代にまで遡《さかのぼ》ります。「ｍｕｓｉｃ」の語源は、芸術や音楽の女神「ムーシケ」からきており、このことからも、音楽が聖なるものであったことがわかります。

古くから、宗教儀式には声明や楽器の演奏など、音の力が欠かせないものでした。特に**祝詞《のりと》は神職が神前で奏上する時の言葉であり、ひふみ祝詞（27ページ）を唱える、あるいは書くことで強い霊力が宿ります**。

余談ですが、西洋にも呪術や魔術は存在しますが、ここでもやはり、力のあるものほど秘密にされてきました。超自然的なものを示す「オカルト」という言葉ですが、ラテン語で「隠されたもの」という意味があります。

なぜ隠されたのかと言えば、それは日本と同様に、権力者の間で独占する必要があったからです。強い威力を持つものを、敵対する者や一般大衆たちが使うことを恐れたのでしょう。

神代文字は宇宙へのパスポート

現代は「科学の時代」だと多くの人が思われているかもしれません。けれど、科学とスピリチュアルを切り離すことはできないのです。むしろ科学は呪術から生まれたといっても良いでしょう。

「**十分に発達した科学は、魔法と区別がつかない**」と言ったのは『２００１年宇宙の旅』を書いたＳＦ作家のアーサー・Ｃ・クラークでしたが、古代の人から見たら、現代人の生活はきっと魔法のように見えることでしょう。

しかしその逆もあり、古代人の叡智《えいち》が、現代人には理解できない場合もあります。例えば、古代の遺跡から掘り出されたものが、何を意味しているのかわからないことがあります。神代文字の場合も、古代人の真意がわからないからこそ、さまざまな論争の的《まと》になってきたのです。

その謎を解き明かす手法の一つが、霊視や透視などの超能力を用いる「サイキック・アーケオロジー（考古学）」です。それは例えるなら、超能力者が透視によって行方不明者の捜索に協力するようなもの。これまでに、恐竜の骨を発見したり、縄文土器の使い方を明らかにしたりした事例がいくつもあります。

神代文字に対する私の超能力者としての見解は、「**神代文字はシンボルそのものであると同時に、ユングが見たような集団無意識の世界や、宇宙的、あるいは霊的世界へのパスポートになるものだ**」というものです。

近年、多くの人がスピリチュアルな世界に興味を持つようになってきています。

それはきっと無意識のレベルで、こうした世界には、停滞した現状を打破する力や、人間にさらなる進化をもたらすヒントがあると気づいているからなのではないでしょうか。

日常的に使う言葉や文字は、コミュニケーションのためのツールであり、記号としての役割を持ちます。現代の私たちはそんな合理的な考えや、目先の損得勘定などに振り回され、言葉の奥にある心のあり方や「見えない力」のことは、ともすれば忘れがちです。

けれど本来、私たちは、目に見えないものを敬い、尊重する心を持っていたはずです。**神代文字を使いこなすことは、見えないけれど確かにいる存在に思いを馳《は》せ、同調するという、神聖なる行為**なのです。

神代文字に親しむことで、私たちには未来を切り拓く力が授けられるのだと言えるでしょう。

神代文字が降りてきた日

謎多き神代文字は、未だ数々の論争を巻き起こしています。神代文字の真価とは？
そして今、私たちに求められていることとは何でしょうか？

自動書記で神代文字を書き溜めた日々

私は10代の頃、「スプーン曲げ少年」として、メディアでもてはやされた時期がありました。

静岡に住んでいた私の能力が開花したのは、13歳の時でした。**近所でＵＦＯ騒ぎが起きたことを知り、「私もＵＦＯを見たいな」と思いながら何気なく空を見上げたら、自宅から巨大なＵＦＯが見えた**のです。ＵＦＯは、ブン、という音とともに光を発し、私の部屋の様子は一変。金属製品は壊れ、電化製品は誤作動するなど、何がなんだかわからないようなありさまでした。そのようにして初めてＵＦＯを呼んだ日以来、やがてオーラや霊的なものが見えてしまうようになり、私は見えない世界とつながってしまったのです。

神代文字と出合ったのも、ちょうどその頃でした。当時住んでいた家のそばに、びく石山(石谷山)という小高い山があり、山頂には5メートル以上の巨石がゴロゴロしていました。少年時代の私は何かの力に追い立てられるかのように、当時はほとんど整備されていなかった山道をせっせと通いつめ、毎日、山を登りました。

そこには線が刻まれた石や、祭壇のようなものがありました。**そこで瞑想をしていると、さまざまなシンボルや文字が頭のなかに浮かび上がってきた**のです。それが何なのか当時の私にはわかりませんでしたが、ひたすら自動書記（無意識状態で文字を書くこと）の形で次々と記録していきました。それらは大学ノート14冊ほどの膨大な記録になりました。そのなかに神代文字らしきものが含まれていたことを、後に知ることとなります。

神代文字の世界に没頭

やがて月日は流れ、静岡から上京した私は、能力開発のプロジェクトを手がけたり、教材の出版に従事したりした後、宗教学の研究者となりました。また、竹内家の継承者であった竹内陸泰《たけうちむつひろ》氏との出会いもあって、神代文字の神髄に触れるようになりました。

そこから、『古事記』『日本書紀』『古語拾遺』の「古典三書」（『先代旧事本紀』を含めて四書）のほか、神代文字の検証には欠かすことのできない『竹内文書』『九鬼文書』『宮下文書』『物部秘史』の「古史四書」、さらに『上記（ウエツフミ）』『秀真伝（ホツマツタエ）』『三笠山紀（ミカサフミ）』『カタカムナのウタヒ』の「古伝四書」などを読み込み、神代文字の研究に力を注いできました。

もちろん、自分自身で書いてみたり、護符として活用したり、実践面での探究にも力を入れました。詳しくは後でお伝えしますが、**そのたびに不思議な力に驚かされ、身を持ってその神秘を感じてきた**のです。

『竹内文書』に対する私の見解

ここで神代文字によって記されたとされる古文献、『竹内文書（竹内文献）』についても触れなければなりません。竹内家に代々伝わってきたこの文書は、神武天皇以前に「鸕鶿草葺不合尊《うがやふきあえずのみこと》」という王朝の記述があったことで、公開した竹内巨麿《たけうちおおまろ》は不敬罪に問われました。その後、戦禍のなかでそれらの資料は散逸したとされ、真偽はわからぬまま、今に至ります。また、記載されていた神代文字が現代の五十音順に並んでいたことから偽装だと指摘され、「偽書」としての扱いを受けてしまった、不遇の文献なのです。

しかし、竹内文書への批判や糾弾が相次ぐなか、私は睦泰氏との親交を深めていきました。そのなかで、「**重要なことは口頭で伝えられてきたのであって、この文献は書物としてつくられたというよりは、備忘録としてつくられたのであり、決して偽装ではない**」という考えに至りました。

口伝で継承されてきたことを文書として記録する際に、現代人にわかりやすい並べ方を採用したのでしょう。また、後の人々が時代時代で書き加えてしまった情報もあるでしょう。そのように考えれば、『竹内文書』が五十音順に並んでいるのも納得がいきます。

睦泰氏が50代の若さで亡くなられたのは、残念でなりません。個人的な思いを差し引いても、竹内文書が一方的に偽書だと決めつける主張には賛同しかねるところです。昭和期に神道系の最大流派をつくった岡田光玉《おかだこうたま》氏は、たくさんの奇跡を起こしたことでも有名ですが、竹内文書の正統性を多くの講演で語られていました。

謎多き神代文字の真価をより良いかたちで現代に活かすことが、今後必要になっていくのではないかと思うのです。

「書く」という動的瞑想を行う

ぬり絵や写経によって心が落ち着くのと同じように、無心で文字をなぞるうちに没我の境地に達するもの。神代文字を書くことで負の感情が和らぎ、心が満たされていきます。

マインドフルネスを叶える、なぞり書き

お寺などで「写経（経典を書き写すこと）」の体験をしたことのある方もいらっしゃるのではないでしょうか。心を落ち着けて、一文字一文字を静かに丁寧に書き写していると、たとえ言葉の意味はわからなくても、いつの間にか無になることができるものです。

そのように心が一つのことに集中し、雑念が取り払われている静かな境地のことを、仏教用語で「三昧《さんまい》」と言います。贅沢三昧とか、読書三昧などという言葉は、そこから転じて生まれたもの。**何かに没頭している時、私たちは、少なからず無我の境地に達している**と言えます。

パソコンやスマートフォンが普及した昨今は、手書きで文字を書く機会は減っているかもしれません。しかし写経や習字、また本書のように**なぞり書きを行うことは、体を動かしながら行う、一種の「動的瞑想」と言える**でしょう。

特定の文字が精神世界へと誘う

瞑想には、文字を使って行うものもあります。真言宗の開祖・空海が伝えたとされる修行法に、「阿字観《あじかん》瞑想」というものがあります。

これは梵字《ぼんじ》（サンスクリット文字）で「阿」の字を大きく書いた掛け軸と向かい合うように座り、文字を見ながら行う瞑想です。「阿」の字は、真言密教の本尊である大日如来《だいにちにょらい》を表すと考えられています。

この瞑想では、ゆっくりと呼吸をしながらその文字を眺めることで、**文字に宿るご本尊と自分自身が一体となっていくようなイメージが生まれる**のです。

このように、**特定の「文字の力」が神聖なものとつながる手助けとなります**。文字は単なる記号ではなく、精神世界を拓く鍵になるものだということがおわかりいただけるでしょう。

自動書記は訓練すれば習得できる

次に、集団無意識の世界にアクセスする方法として、自動書記を会得するための初級トレーニングをご紹介しましょう。

まず、白い紙を用意し、2センチメートルほどの等間隔で、点をいくつか記します。ボールペンなど滑りの良いペンなどを手にし、まずは一つの点の付近で、渦巻でも何でも良いので、手の動きに任せて自由に書きたいものを書いていきます。それ以降は、ある程度書いたら隣りの点に移る……という手順を繰り返します。

こまめに気分を切り替えながら、どんどん次へと移っていくと、やがて文字や図形らしきものが現れてきます。その練習を繰り返しながら、どのような気持ちの時にどのような図形が出やすいかを分析してみましょう。それをフィードバックしていくうちに、だんだんスムーズに自動書記ができるようになっていくのです。

幸せな気持ちで描いてみる

とはいえ、**本書で紹介するような神代文字を書けば、自動書記を習得するような過程をたどらずとも、集合無意識にアクセスし、シンクロニシティを自ら起こせるようになっていきます**。

基本となるのは、**イメージングの力**です。

落ち着いて文字を書こうと思っても、時には思考が混乱したり、不安な気持ちが募ったりすることもあるでしょう。そんな時は、**宇宙の気と一つになるようなイメージを持ちましょう**。霊的なもの、不思議なものを自分のなかに受け入れるための、オープンなマインドを持ってください。

そんなふうに、前向きな思考と想像を大切にしていれば、聖なる力が、必ずあなたを後押ししてくれることでしょう。

ひっそりと行われてきた「秘術」

解読が困難だったりと、未だ多くの謎がつきまとう神代文字。古今東西の権力者たちが、神代文字を密やかに使っていた理由に迫ります。

古史古伝に残るいろいろな文字

神代文字にはシンボルとしての強い力があり、書くことでその恩恵を受けられるということをお伝えしてきました。

「神代から伝えられた文字」という定義でいえば、神代文字には、先にも述べた古史古伝上、あるいは神社の御札や石碑などにひっそりと残っているものを見るだけでも、さまざまな種類があります。

本書の第2章以降で紹介する「阿比留《あひる》文字」、「阿比留草《あひるくさ》文字」をはじめ、江戸時代に薩摩藩で編纂された書物に記録が残る「天名地鎮（アナイチ）」、古書古伝の一つ『秀真伝（ホツマツタヱ）』に残る「ヲシテ（ヲシテ）文字」、同じく『上記（ウエツフミ）』に残る「豊国《とよくに》文字」、阿比留文字と組み合わせて書かれた祝詞がある「阿波《あわ》文字」、奈良時代に遣唐使として中国に渡り、多くの典籍をもたらしたとされる吉備真備《きびのまきび》が使ったという「吉《き》備《び》文字」、所在は不明ながら、文字を御神体として祀るカタカムナ神社の「カタカムナ」……まだまだ書き切れないほどです。

さらに、神代文字の定義・考え方によっては「わが国固有の文字」とする場合もありますが、これらの文字は、必ずしも日本だけのものとは限りません。

海外との関わりとしては、中国の漢字以前の文字である甲骨文字や金文はもとより、中国の雲南地方で用いられたという「トンパ文字」、さらには同じように古代から伝わる文字として、ゲルマン民族の「ルーン文字」、エジプトの「ヒエログリフ」との関連も指摘されています。

古代の文字の多くは非常に抽象的で、ヒエログリフのような象形文字も多く、お互いに似た印象を持ちやすいとも言えます。

異なる文字の間に何らかの関わりがあったのか、あるいは同時多発的に起こったものなのかは確かめようがありません。しかし、そういった**不思議な類似性を持っている**ところもまた、神代文字のロマンと言えるのかもしれません。

人に知られてはいけない「秘め事」

日本の神代文字に話を戻しましょう。

なぜこれほどまでにさまざまな種類があるかというと、歴代の政権や王朝によって異なる文字が使用されたために種類が増えたことに加え、**神聖な力が宿るものであるがゆえ、時の権力者によって制限されてきた**、という側面を持つからだと考えられます。

強い効果を独り占めするために、力ある者たちは、これらが誰かに解読されることは避けたかったのです。だからこそ知らない人には決してわからない暗号めいたものにすることで、文字や記号に「二重性」をもたらし、権力を独占しようとしたのでしょう。

さらに、**「秘術」としての特性が色濃く存在し**ていることも、この文字の解読を難しくしている要因であると言えます。

学生の頃、願いを込めて、こっそりおまじないをした思い出がある方も多いことでしょう。おまじないはよく、「人には決して知られてはいけない」と言われます。自分のなかに秘めるからこそ願いは叶うのだというのが、その根底にある考えです。**誰にも明かさず、ひっそりと祈りを捧げるからこそ、力の分散を防ぐことができ、自分のなかに神秘のエネルギーを結集させることができる**のでしょう。

呪術とこのような秘匿性が、切っても切り離せない関係にあるからこそ、これらの文字には解明できないところが多く、未だ謎に包まれた存在であり続けるのだと言えます。

特に強い力を持つ二つの文字

神代文字にはさまざまな種類のものがあることをこれまでご説明してきましたが、この本では、**「阿比留文字」「阿比留草文字」の二種類の文字**を取り上げています。

私は長きにわたって神代文字の研究に力を注いできましたが、特に強い効力を発揮すると感じたのは、この二つの文字でした。クライアントさんたちに阿比留文字の護符をつくって渡すと、ある方はずっと悩まされていた人との縁が切れ、また別の方は急に活動的になったりと、人生に大きな変化が訪れる様子を目の当たりにしてきました。

ぜひ皆さんにも、阿比留文字・阿比留草文字が持つ神秘の力とつながり、強運を手にしていただきたいと思っています。早速、次のページから活用方法をご紹介しましょう。

本書の使い方

ここからはいよいよ、神代文字を活用するための実践編です。不思議な力を持つ文字を書き、眺め、唱えれば、たちまちあなたがいる場所がパワースポットへと変化します。

唱える

音は波動であり、呪力と霊力が宿るもの。神代文字を書き、眺めるだけでも効果は十分ありますが、声に出して唱えることで、さらに豊かなパワーを感じることができます。

眺める

神代文字は聖なる存在のシンボル。その文字を眺めていると、心の奥底を揺さぶられるような気持ちになったり、心が安らいだり、あるいは潜在意識が呼び起こされたりするでしょう。

書く

文字を書くことで心を静かに落ち着けて、自分と向かい合うひと時を。無心になって書いたりなぞったりするだけで、文字一つひとつのパワーが心身にみなぎるのを感じられるでしょう。

体で文字の力を味わう

現代に生きる私たちは、どうしても手で文字を書く機会が少なくなりがちです。けれど、文字の形を一つひとつ確かめながら自分でなぞり書きをしていくと、それだけでもリフレッシュすることができ、思考が研ぎ澄まされる感覚を得られるはずです。

そしてもちろん、文字自体に不思議な力が宿っていますから、書き、眺め、唱えることで、文字に宿る神様とつながり、自身のなかにその力を取り込むことができます。そして、潜在能力を引き出したり、願望を叶えて幸運をつかんだりすることが叶うのです。

古《いにしえ》の人々が密かに伝えてきたこの文字の神秘を体感することで、あなたの運命はどんどん素晴らしいものへと変わり、奇跡すらも起こすことができるようになります。

押さえておきたいポイント

使い方の基本Q&A

Q 神代文字は何で書くと良いですか？

A 写経（なぞり書き）をするには筆が必要だと思われがちですが、神代文字を書くための道具に、指定はありません。ボールペン、鉛筆、筆、クレヨン、色鉛筆、カラーペン、何でもOK。いろいろなもので書いてみて、一番しっくりくるものを見つけてみると良いでしょう。

Q 本書はどのように使うと良いですか？

A 本書はなぞり書き帖なので、直接書き込みをしたり、なぞり書きをしたりしても良いのですが、半紙や和紙を上に重ねてなぞっても、同様の効果を得ることができます。もちろん、別の紙に神代文字を書いても問題ありません。お好きな方法で実践してみましょう。

Q 気をつけるべきポイントは？

A 神代文字と向き合う前は、できればシャワーを浴びて（流水）、身を清めてから実施すると、その効果を最大限に得ることができます。シャワーを浴びるのが難しい場合は、右手を流水で清めてからが良いでしょう（左利きの方も右手を清めてください）。

Q 神代文字を書くのに適している時間は？

A ルールはありませんが、慌ただしい時間帯は避けたほうが良いでしょう。休みの日の前夜など、リラックスできる時に書くのがおすすめ。また、朝の起き抜けは潜在意識と特につながりやすくなりますから、起床後すぐに書くのも効果が強くなります。

Column

神代文字との思い出 #01

ひふみ祝詞を唱えた途端、湖の上に放射状の雲が

霊能力を持つ仲間たちと5、6人で連れだって、諏訪湖へ出かけた時のことです。諏訪湖というのは、湖底に両刃《もろは》の剣《つるぎ》が3本刺さっているという言い伝えとか、武田信玄の水中墓伝説とか、不思議な逸話がたくさんあるところです。

当日、日が沈みかけた時間に諏訪湖の湖畔に行ってみた私たちは、周囲に人もいなかったので、不思議な力とコンタクトする「ひふみ祝詞」を皆で唱え始めました。「ヒフミヨイムナヤコト……」と、目を閉じて、全員で3、4回唱えた頃だったでしょうか。ふっと目を開けて空を見たら、これまで見たこともなかったような、それはそれは美しい筋《すじ》状になった雲が湖面の上に放射状に広がっていました。

まるで扇を広げたようなその雲は、後で調べてみたところ、「エンジェルウィング」というようでした。祝詞を唱えるまでは一切その予兆がなかったのに、数回唱えた途端、空に広がっていたきれいな雲。まるでこの世のものではないかのような美しいその光景が、今でも忘れられません。

それから数年後、ちょうどこの神代文字の書籍出版のお話をいただく直前、仕事場の窓から、またしてもエンジェルウィングを目にしました。私は「あの時と同じ雲だ！」と、すぐに諏訪湖でひふみ祝詞を唱えた時のことを思い出していました。それからまもなくして、この本のオファーがあったのです。

ひふみ祝詞を唱えた時に現れた雲が、ひふみ祝詞について紹介する本の執筆が決まる直前にまた現れた。このような神秘的な体験に、神代文字との不思議な縁を感じずにはいられないのです。

第2章

阿比留文字と阿比留草文字

「神代文字」がどのようなものか、ご理解いただけたでしょうか。

では、ここからはいよいよ実践編。本書で扱う「阿比留文字」と「阿比留草文字」のパワーの真相を紐解いていきます。心を落ち着けて、まずはなぞってみましょう。

神様の力が宿る、阿比留文字

数々の神代文字のなかで、最もパワーが強いと言われるのが「阿比留文字」。伊勢神宮など由緒ある数々の神社も、阿比留文字と関わりがあったことがわかっています。

天照大神との深い関わり

阿比留《あびる》文字は、「日文（ひふみ）文字」とも呼ばれる神代文字です。

江戸の国学者・平田篤胤が1819年に『神字《かんな》日文伝《ひふみのつたえ》』という、神代文字に関する書籍を著したことで、広く神代文字の存在が知られるようになりました。

この『神字日文伝』のなかで阿比留文字は、『古事記』『日本書紀』などにも記された天児屋命《あめのこやねのみこと》から、対馬の卜部《うらべ》家、阿比留《あびる》家に伝わった文字だと記されています。

また一説には、**天照大神《あまてらすおおみかみ》が思金神《おもいかねのみこと》（思兼神）につくらせた**、というものもあります。思金神は天照大神の岩戸隠れの時に、八百万《やおよろず》の神々に知恵を授けた神様です。

ここで天照大神が登場するのは、「ひふみ」という名と無関係ではありません。「ひふみ」はお日様の「日」に「文」と書きます。

太陽を神として崇める考え方は世界中に存在していますが、日本では天照大神がその存在に当たり、「太陽神」と呼ばれます。

日本の古神道には「日が昇ったら生まれ、日が沈んだら死ぬ」、つまり人は毎日新しく生まれ変わるのだとする「日々新々」という教えがあります。私にそれを教えてくれたのは山蔭神道《やまかげしんどう》の山蔭《やまかげ》基央《もとひさ》氏でしたが、こうした教えを現代流に言うなら、**私たちの根源は太陽と同化していて、原子よりもっと微少な量子レベルで、神なる太陽と常につながっている**ということでしょう。そして毎日、新しい自分が生まれているのだということです。

阿比留文字は、太古から人間たちが尊《たっと》んできた太陽＝神様の力を宿した文字なのです。それはつまり、**日々新しい自分に生まれ変わる手助けをしてくれる文字**だということを意味します。

ひふみ祝詞でさらなる効果を

阿比留文字の「あ」「ひ」「る」も一文字ごとに

《阿比留文字一覧》

言霊《ことだま》としての神聖な意味合いを持っていますが、阿比留文字を使う時は、「**ひふみ祝詞《のりと》（ひふみ神《こう》文《ぶん》）**」で唱えると、よりパワフルな効果が期待できます。

冒頭の「ヒフミヨイムナヤコト」は、数字の一から十までの数字を指しています。「一、二、三……」を「ヒ、フ、ミ……」と数える場合もあることから、イメージはつかみやすいと思います。

この十の数字は、日本神話の邇芸速日命《にぎはやひのみこと》が天照大神から授かり、伝えたとされる「十種神宝（三種の神器を含む宝物）」を表しています。この文字自体が、神聖なものと結びついているのだということがおわかりいただけるでしょう。

さて、神代文字にもさまざまな文字があり、世界中の文字と影響し合っている可能性があることはすでに述べましたが、阿比留文字を見て、「ハングル文字に似ている」と思った方もいるのではないでしょうか。

しかしながら、ハングル文字は、かつて朝鮮李朝の世宗王《セジョン》（15世紀）が中国からの影響を脱しようとする過程でまとめられたものですので、阿比留文字がハングルをもとにしたということはありません。

阿比留文字47音

神代文字のなかで一際強いパワーを持ちます。漢字でいう偏《へん》と旁《つくり》を縦に配置する表記と、横に配置する表記とがあります。

ヒ

【解説】

霊そのものを表す字。古来より信仰の対象であった太陽の「日」であると同時に、燃える「火」でもある。あらゆるパワーの元となる音、根源となる音。唱えると、気力を強めることができる。

フ

【解説】

増える・震えるといった意味を持つ。物理学でいう「エントロピー増大」の法則のごとく、際限なく枝分かれして四方八方に増大していく性質。振動しながら、扇状に広がっていく働きがある。

ミ

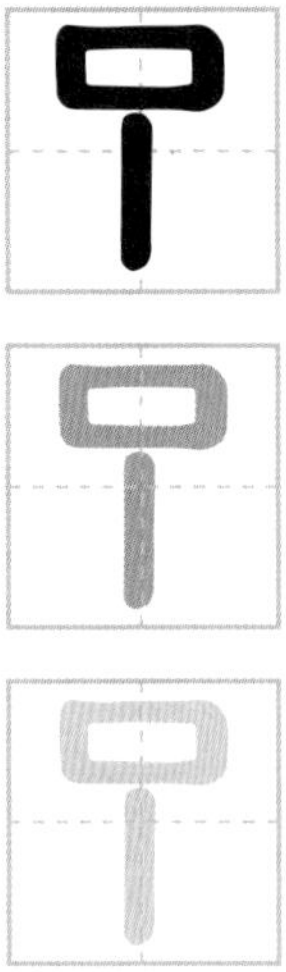

【解説】

体であり、中身。かたちあるものの内側。何かに備わる魅力そのものであると同時に、内に込もる力を充実させる働きも。お札などにパワーを込めたい時は、内側を意識して「ミ～」と唱えると良い。

ヨ

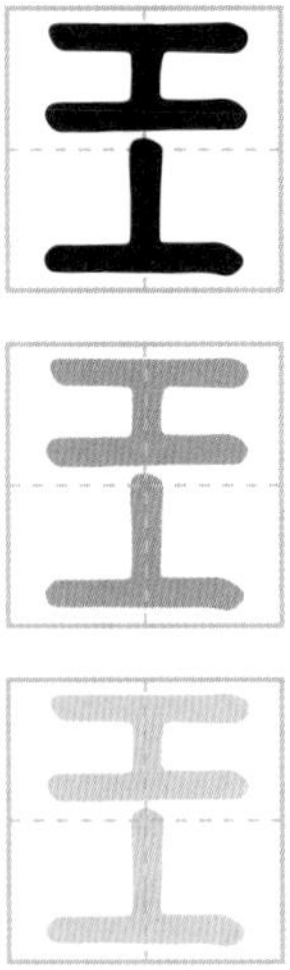

【解説】

時間の流れ、移りゆくもの、あるいは世の中そのものを示す。また、空間・時間や、世の中全体に広く働きかける作用がある。空間に「ヨ～」という音で呼びかけると、広い範囲に気の力が込もる。

※細字のペンで書いても効果がありますが、阿比留文字の場合は太字のマジックや筆ペンで書くと、さらに良いでしょう。

イ

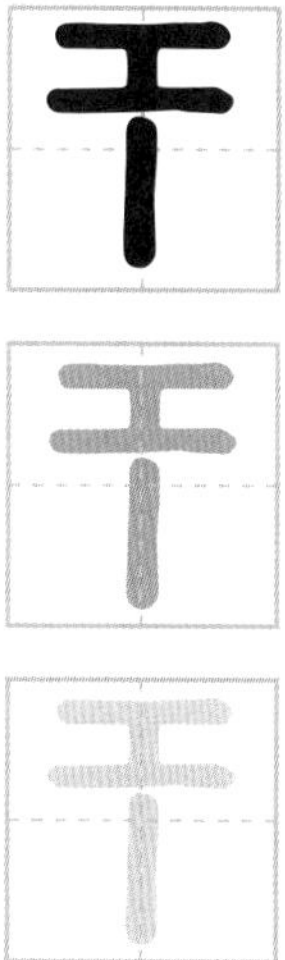

【解説】

意思を持つこと、意図することを表す。心に浮かぶ思いや考えに輪郭をつける役目を持つ。外部や他者に向かって意思をきっぱりと指し示し、その実現までの道筋をつくり、現実化へと導く。

ム

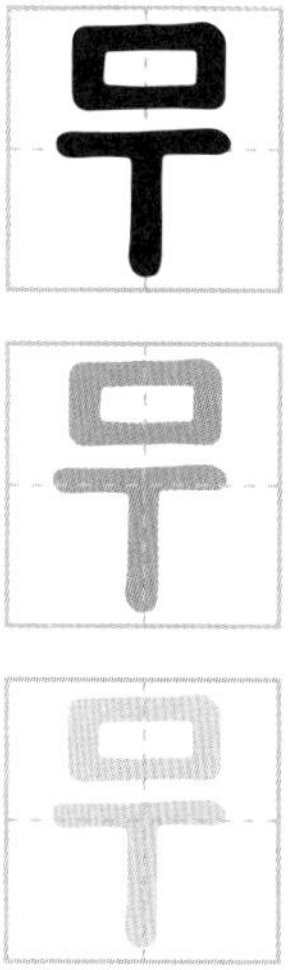

【解説】

ある一点に強く力を集中させ、そこに力を留める。「ム〜ッ」という音を発すると、過去や未来でなく、「今ここ」にパワーを宿し、強く、深く集中することができる。

ナ

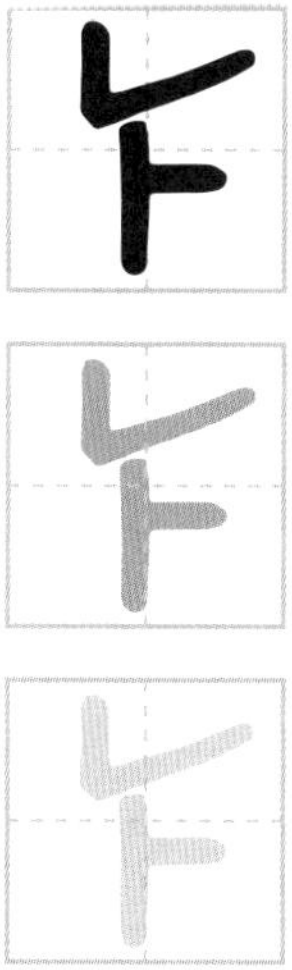

【解説】

物事が「なる」ことを表す。強い力により、好ましい結果を出す。例えば、「奈良」は神聖な力が結実し、物事が叶う場所であったことを指し、神様が宿る山のことを神奈備《かんなび》山と呼ぶ。

ヤ

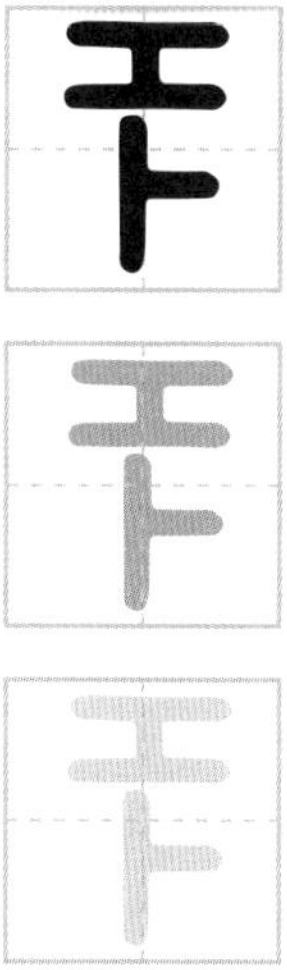

【解説】

力が連続して伝わり、次々に重なる様子を表す音。力や動作を、目指すべき一点に集中させることができる。弓矢の「や」であり、八重の「や」。言霊の力をさらに強め、増幅させられる。

コ

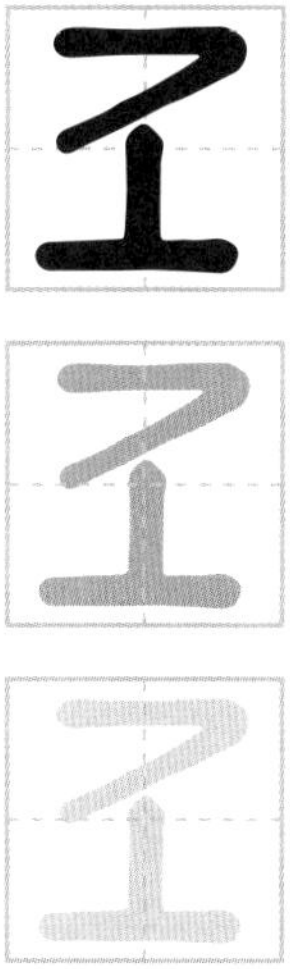

【解説】

一つの凝縮された存在を表し、バラバラなものをギュッと固め、まとめて一つにする役目を持つ字。調和が乱れ、物事が整わない時、組織が一体にならない時などに心のなかで「コ〜」と唱えると良い。

ト

【解説】

異なる性質を備えるもの同士をバランス良く結びつけ、成り立たせ、整える字。可能性の扉を開き、物事のテンポやタイミングを計りながら、進むべき方向性を示してくれる。

モ

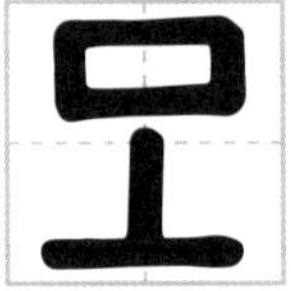

【解説】

傷ついた心と体を癒やし、ヒーリングしてくれる言霊。果物の桃は心身を癒やし、供養する力があるとされ、黄泉の国に行ったイザナギが襲われた時に、桃の実を投げつけたという逸話がある。

チ

【解説】

体内を流れる血液の「ち」であり、限りなく広がる大地の「ち」。物事の巡りを良くし、場所や空間を巡る力を強化する。体に力をみなぎらせたい時、パワーを込めたい時は「チ」と唱えると良い。

ロ

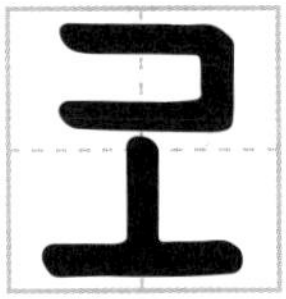

【解説】

テンポ良く、かつ軽やかにエネルギーを巡らせ、宇宙と共鳴する力をもたらす。無心の境地に至りたい時は、リラックスして「ロロロロロ……」と唱えると、物事がスムーズに進むようになる。

ラ

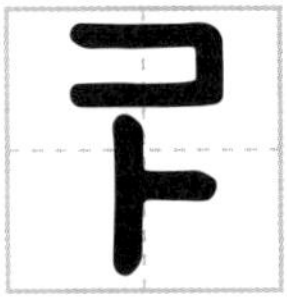

【解説】

UFOを呼ぶフレーズである「ベントラー」などにも「ラ」が含まれているように、宇宙に向けて響かせる音。唱えれば大きな宇宙とつながり、同時に無限のパワーを自分のなかに引き込むことができる。

ネ

【解説】

物事やエネルギーを落ち着かせ、静かに休ませる音。ゆったりと眠らせて静寂をもたらす。激しく荒ぶるものを穏やかに整え、子守歌のように安らぎを与える。鎮魂の祈りを捧げる時にも用いる。

シ

【解説】

「サ行」の言霊はいずれも激しい力を秘めており、なかでも「シ」には強いパワーがある。押さえつけてやっつける、分解する、死なせるという意味も。他者を制する時に「シッ」と言うのもそこから。

キ

【解説】

物事をまっすぐに通したり、貫いたりする様子を示す。音やエネルギーの動きを見定めて、きっちりと捉えて判断する。思いや感情を、揺らぎなく、きっぱりと明確に示せるようになる。

ル

【解説】

緩やかに力を蓄え、滞りなく流し、ほどよく巡らせる状態を表す。唱えると、大いなる恵みがもたらされ、心と体が元気になる音。また、豊かな愛にあふれた先祖が優しく力を貸し、導いてくれる。

ユ

【解説】

お湯の「ゆ」を表す字。心身に温もりを与えてくれる、優しい癒やしの音。緊張をほぐし、緩やかな状態にしてくれる。悠々と心地良さに浸ることができる、ヒーリング効果の高い文字。

ヰ

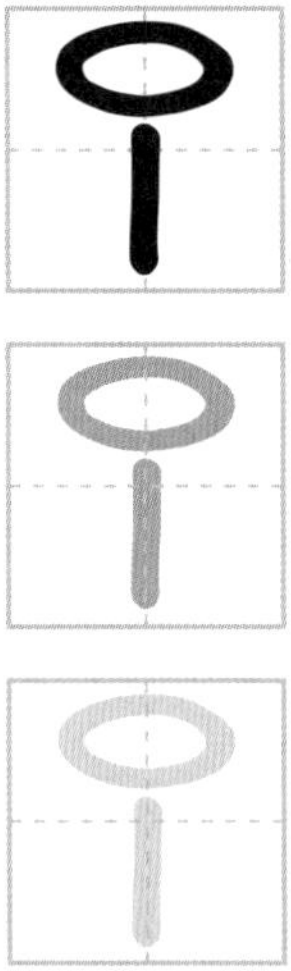

【解説】
「イ」に近い性質を持つが、「イ」よりも強い力を備え、さらに潜在意識に働きかける作用も持つ。潜在意識のレベルで物事やエネルギーを調整し、威力を発揮してくれる、特に霊力の高い文字。

ツ

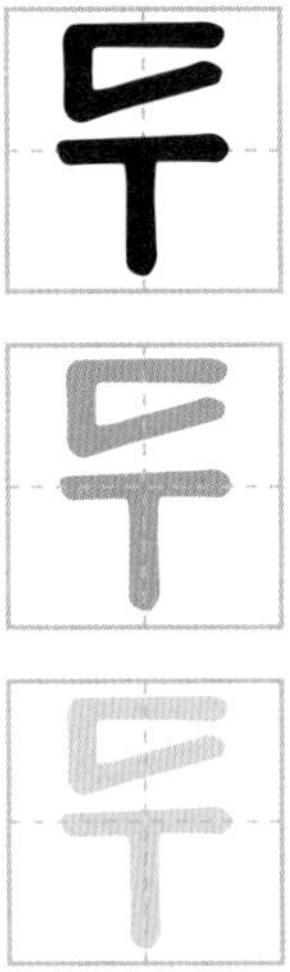

【解説】
釣る、つかむ、上に持ち上げて留めるといった意味を持つと同時に、宇宙から届く強烈な力を示す音。また、月のような神聖な霊力も表しており、呪術としてこの字を書くと、強い作用をもたらす。

ワ

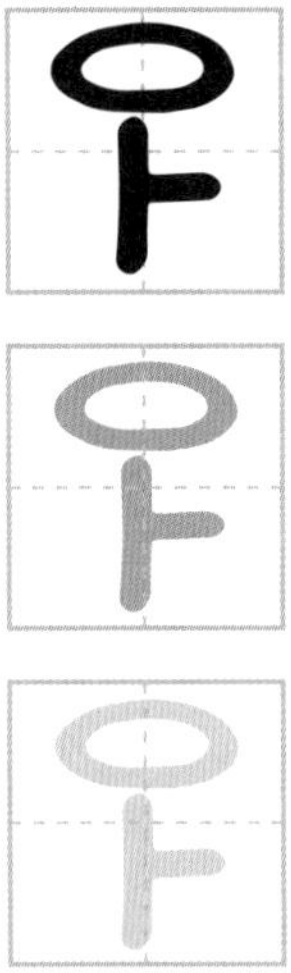

【解説】
切れ目なく円環する力、他者と調和し豊かに広がる心の働きを表す文字。「今ここ」に限定せず、外側の世界や、この先の未来に対して、広くゆるぎないパワーを強力にもたらす。

ヌ

【解説】
ぬらりとしてつかみどころがなく、呪術的にも強い言霊を持つ音。狙ったものに対し、強い力で意図的に働きかけ、希望通りに書き換えられる。また、悪しきものを吸収して、姿を消滅させる働きも。

ソ

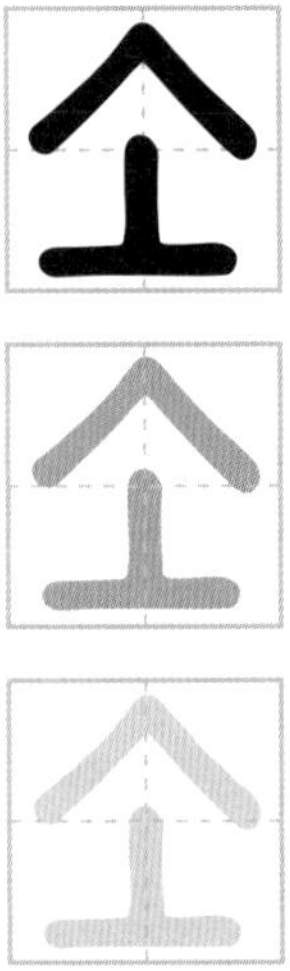

【解説】
物事を支える基礎であり、根本にある音。人間にとっては肉体的なルーツとなる先祖そのものとなる。何かを始める時に力を発揮したり、あるいは基盤をつくったりする字。

ヲ

【解説】
「オ」と似た力を持つが、それ以上に強い力をもたらし、すべてをきれいに調和させて締めくくる。外に向かって強く自己をアピールするので、歌手や画家など、表現する人が名前に用いても良い。

タ

【解説】
広大な空間に響き、自然に揺らいでいる音であり、宇宙に存在する普遍的な調べ。言霊学の祖、大石《おおいし》凝真素美《ごりますみ》によれば、宇宙には「タタタタ」という音が響き渡っていると言う。

ハ

【解説】
開いているものや、緩やかに拡大している様子を表す音。物事が滞っていたり、固まっていたり、閉塞した感覚を覚えたりする時は、「ハ」の音を発すれば、それが現状を打破する力になる。

ク

【解説】
物事をストップさせ、一定の制限下に閉じ込める音。また、記憶や物事がこぼれないように留め、意識のなかに閉じ込めようとする音。力を放出させずに一点に封じたい場合に使うと良い。

メ

【解説】
人や物事に対して強い意思を持って働きかけ、速やかに動き出すよう促す効果がある。唱えれば、前向きな心を持って物事を注視するとともに、滞っている力を活性化できるようになる。

カ

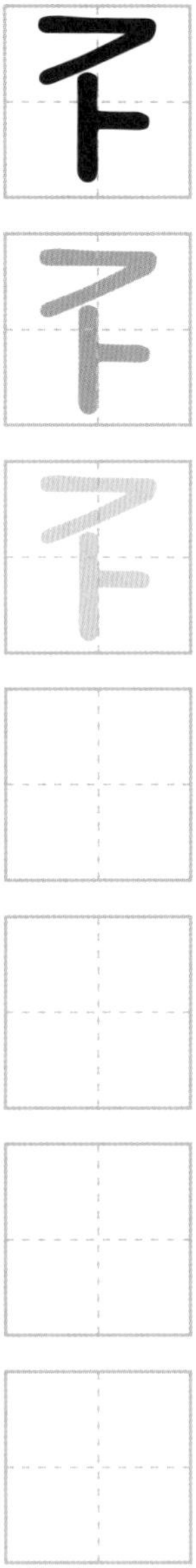

【解説】
「喝」を入れるがごとく、エネルギーを引き締め、強める。内側から外側に向けてパワーを放出させてくれる。似た性質を備える「ヒ」よりも強力で、手のひらから出るオーラを強める働きも。

ウ

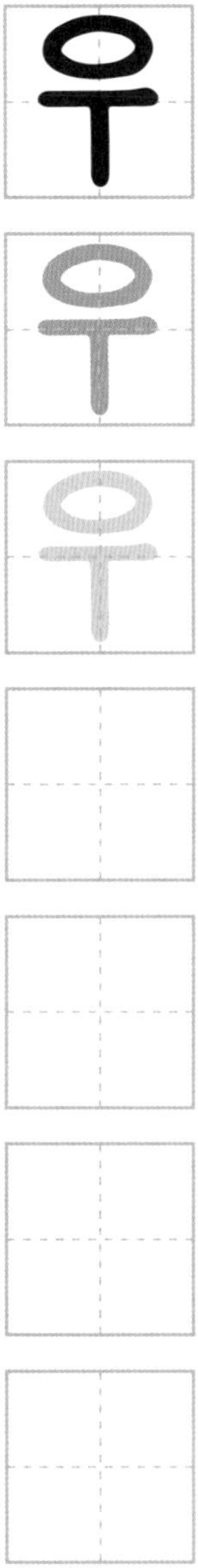

【解説】
宇宙的なパワーを我が身に感じさせてくれる音。人が幽体離脱する際に、口から発する音でもある。超越的な力をもたらしてくれるので、行き詰まった時には「ウ～」と唱えると良い。

オ

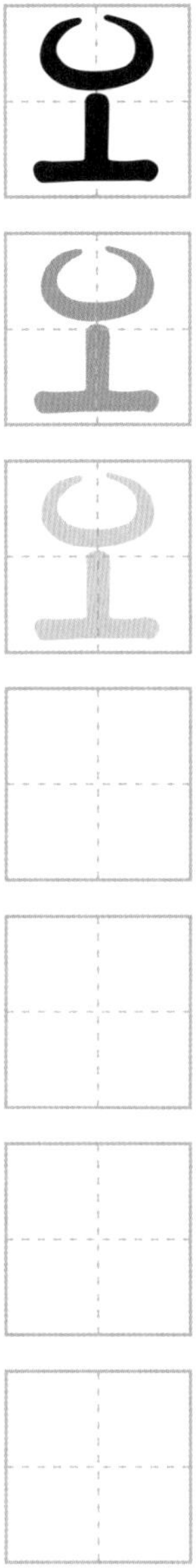

【解説】
物事を平均値に整えつつ、どっしりと落ち着かせる役目を持つ。悠然と構え、物事をあるがままに受け入れられるようになる。また、そこにある道理を尊重し、腰を据えて物事に取り組めるようになる。

エ

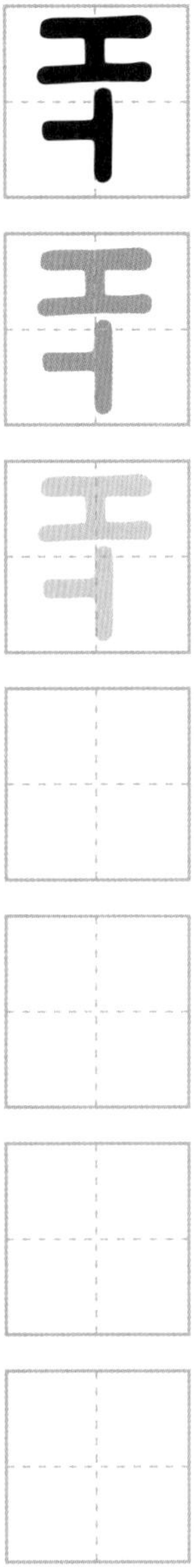

【解説】
「縁」の「エ」は、人と人との間に縁をもたらし、結びつける役割を担う。また、人と人だけでなく、人と宇宙との間の縁も結び、つなぎ合わせてくれる。

ニ

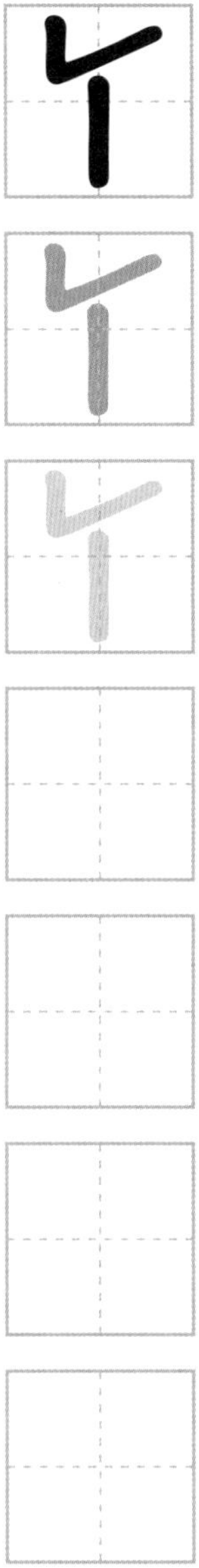

【解説】
土壌、埴土《はにつち》を示す。丹《たん》は「に」とも読み、赤っぽく、血が染《し》み込んだかのような土（辰砂《しんしゃ》）から転じて肉も指すことから、命が宿る直前のものも表す。食べ物に「ニ～」と唱えると、霊的な気が宿る。

サ

【解説】小気味よくスピーディーに、物事やエネルギーにまとわりつく汚れや余計なものを払い除《の》け、さっぱりときれいにする。滞りなく、迅速に物事を浄化する力を持つ音。

リ

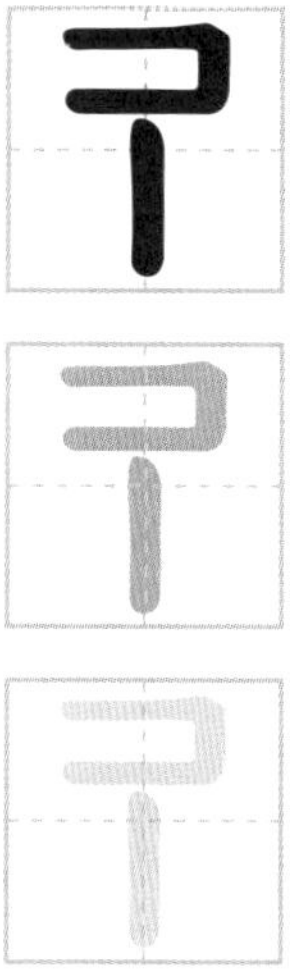

【解説】複数のものをぴったりとくっつけて、同一にする働きを持つ音。また、きびきびとして節度があり、凛とした風情を表す。唱えると、毅然と物事に働きかけ、好転させられるようになる。

ヘ

【解説】中身でなく、物事の表側にある端や、へりの部分を表す。体でいうと皮膚の部分を示しており、「へ〜」という音には、皮膚をなめらかに整えたり、髪の毛を生やしたりする効果がある。

テ

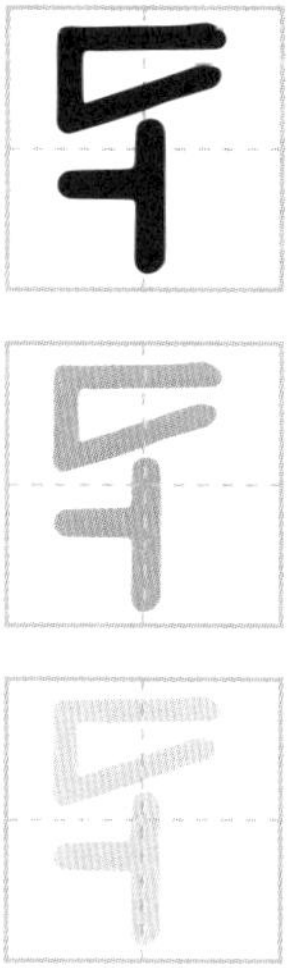

【解説】体でいうと手先、足先、頭のてっぺんなど、突き出ている先端や突端を表す。何かしらの「先端」の力を強めるので、リーダーシップを発揮したい時、トップに登りつめたい時などに用いると良い。

ノ

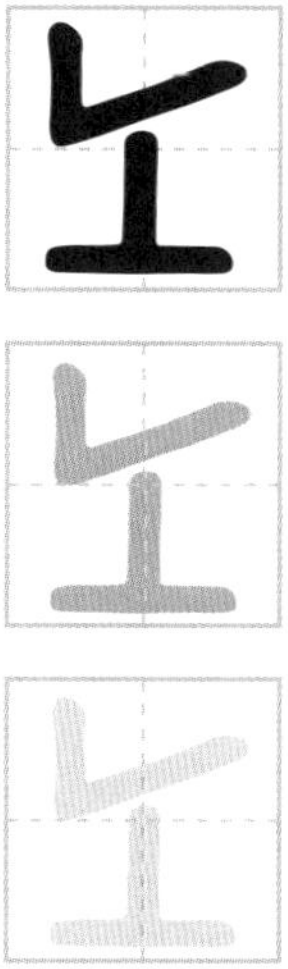

【解説】天と地など、離れている二つの力を融合させる作用を持つ。役割や性質を考慮したうえで、それぞれの力を引き出して強化する。人と人とをつなぎ合わせ、結びつける役割も。

マ

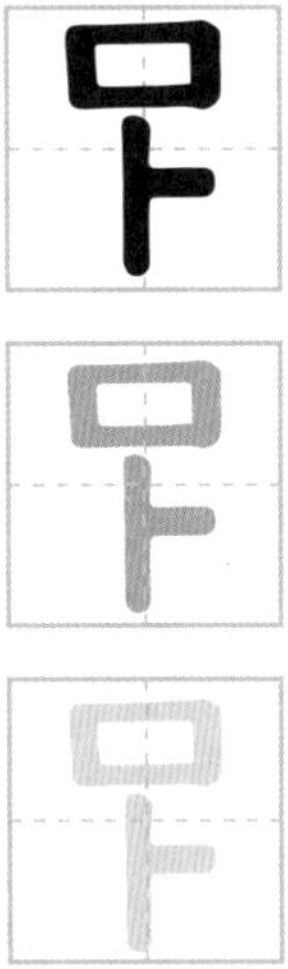

【解説】
人と人や、ものとものとの間を空け、バランス良く保つ音。そして何においても、より良いタイミングを見極め、最適な時に物事を実現できるようにしてくれる。

ス

【解説】
地理的に日本の中央にある諏訪湖の「す」、日本の象徴である天皇《すめらみこと》の「す」でもあり、普遍的なもの、由緒正しいものの中心であることを示す。「ス」と唱えると、普遍的な力とつながれる。

ア

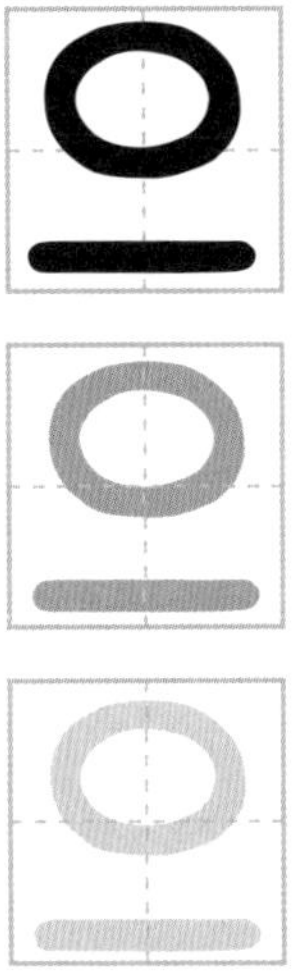

【解説】
すべての始まりや、「今ここ」から始まる瞬間を表す音。口を開けて初めて発する言葉であることからわかるように、あらゆるものを始めるパワーを持つ。

セ

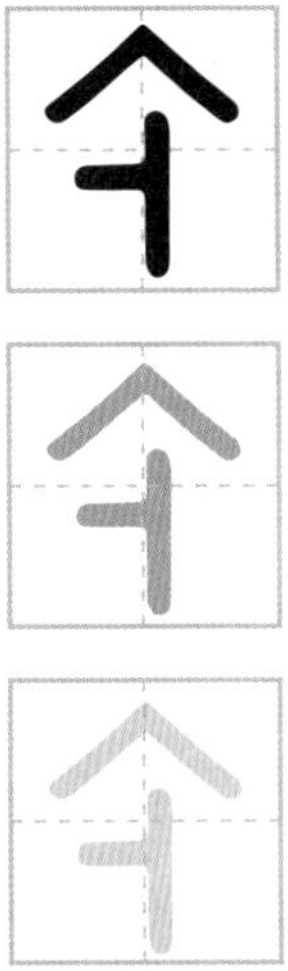

【解説】
水が淀《よど》みなく流れるように、過去から未来に向けて時間が流れている様子を示す。過去から積み上げてきたものや、培ってきたエネルギーを、「今ここ」に活かすことをサポートしてくれる。

ヱ

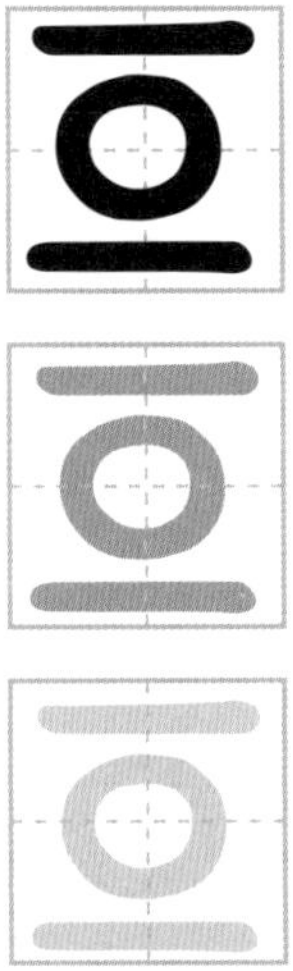

【解説】
「エ」と同様、人や物事をつなげ、縁を結ぶ力を持ち合わせるが、「エ」よりもさらにパワーは強く、良くないものは強力にリセットする。「ヲ」と同じく、何かを表現する人が使うと良い。

ホ

【解説】

穏やかさをもたらしてくれる音で、自分自身のリズムでナチュラルに動けるようになる。殺伐としている時も、平穏な心を取り戻させてくれる作用がある。喜びに心がほどけ、解放感に満ちる音。

レ

【解説】

無限の宇宙とつながれる字。喜びや楽しさなどの感情を、心ゆくまで感じ尽くすことができる。また、何事にも堂々と正面から向き合い、相手を尊重しながら等身大の力を発揮できるようになる。

ケ

【解説】

細く伸びるもの、極めて小さいもの、また、細分化していく様子などを示す。綿密に計画を立てたい時や、デリケートな感覚、細やかな気持ちを活かしたい時に、「ケ〜」という言霊が役立つ。

阿比留文字を使って自由に書いてみよう

阿比留文字を使って、自分やパートナーの名前、好きな言葉を書いてみましょう。書き順などにこだわる必要はありませんが、太めのペンを使って書くのがおすすめです。

ルール

❶ 濁音、半濁音は濁点なしに変換する　例）スズキ→ススキ

❷ 小文字は大文字に変換する　例）キョウコ→キヨウコ

❸ 「ん」は「むあ」に変換する　例）ジュンコ→シュムアコ

❹ 「ー」は前の文字を重ねて変換する　例）パワー→ハワワ

（例）アキヤマ マコト

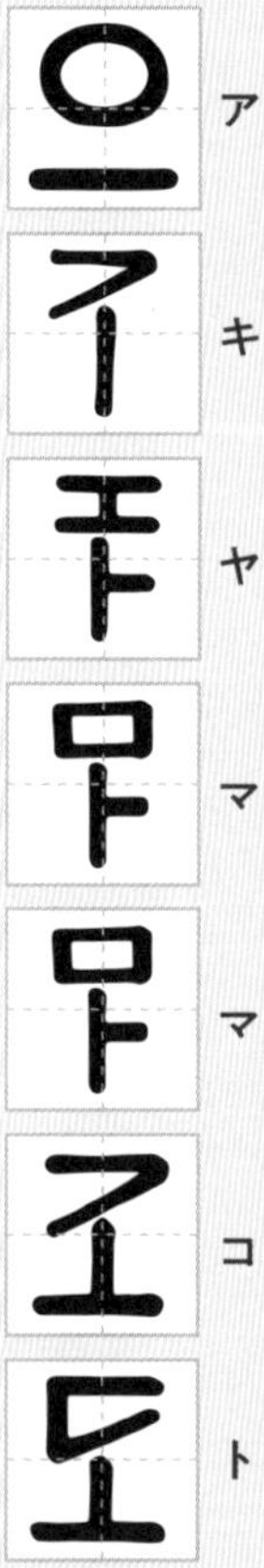

◆ **自分の名前を書いてみよう**

◆パートナーや大切な人の名前を書いてみよう

◆好きな言葉を書いてみよう

◆願い事を書いてみよう

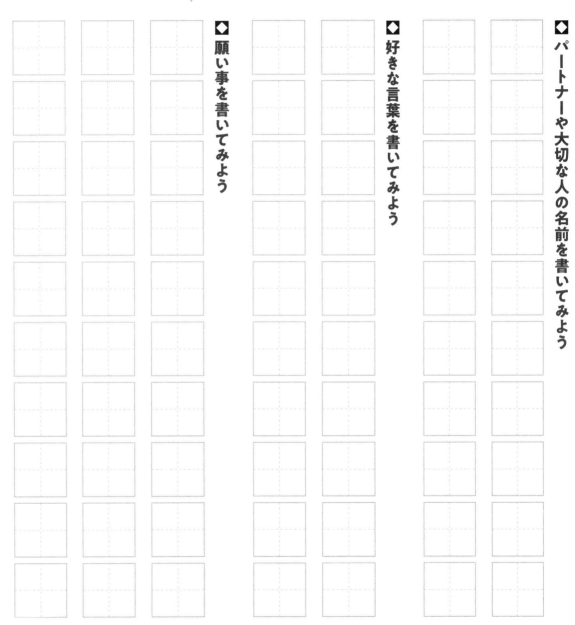

古き神社に残る、阿比留草文字

阿比留文字とともに、その草書体として伝わってきた「阿比留草文字」。阿比留文字より少しカジュアルに使える文字ですが、由緒ある神社に多く残されている文字でもあります。

阿比留文字の草書体と言われる文字

阿比留草文字は、阿比留文字の草書体です。学者のなかには別々の文字だという人もいますが、実際に繰り返して書いていくと、自然とこの崩し字になっていくと私は考えています。

平田篤胤は、多くの寺社で見つかった阿比留草文字のサンプルを『神字日文伝』に納めています。鎌倉の鶴岡八幡宮、鹿島神宮、奈良の大神《おおみわ》神社、法隆寺、島根の出雲大社など名だたる寺社にあった文字が含まれ、特に法隆寺には聖徳太子の手による書き写しが収められていると言います。

東京都あきる野市に、『延喜式神名帳』にも記載のある古社、阿伎留《あきる》神社があります。古代から占いに携わる卜部氏による太占の記録も残っている神社です。江戸時代にここから御札や護符をつくるための版木が見つかったとされており、それは阿比留草文字で書かれていたそうです。

また私自身も、かなり古い神社で、本来、人が見ることのできない御神体や御札を拝見した際、阿比留草文字が記された版木を目にすることが多くありました。

ちなみに、阿比留文字と阿比留草文字を比べると、霊力が強いのは阿比留文字のほうです。

ただ、神代文字は、なるべく人に悟られないようにする必要があることはお伝えしてきましたね。ですから私としては、**人に見られてしまう心配がある場合は、解読しづらい阿比留草文字で書くことをおすすめ**しています。

比較的解読しやすい阿比留文字で書いたものは、人に知られないよう、こっそりと身につけるようにすると良いでしょう。

神代文字は新たにつくられることも？

ちなみに、神代文字の一種に分類されながらも、古代の文字ではない文字体系もあります。

それは江戸から明治のはじめに国学者、言霊学者として活躍した大石凝真素美《おおいしごりますみ》が、琵琶湖の湖畔

《阿比留草文字一覧》

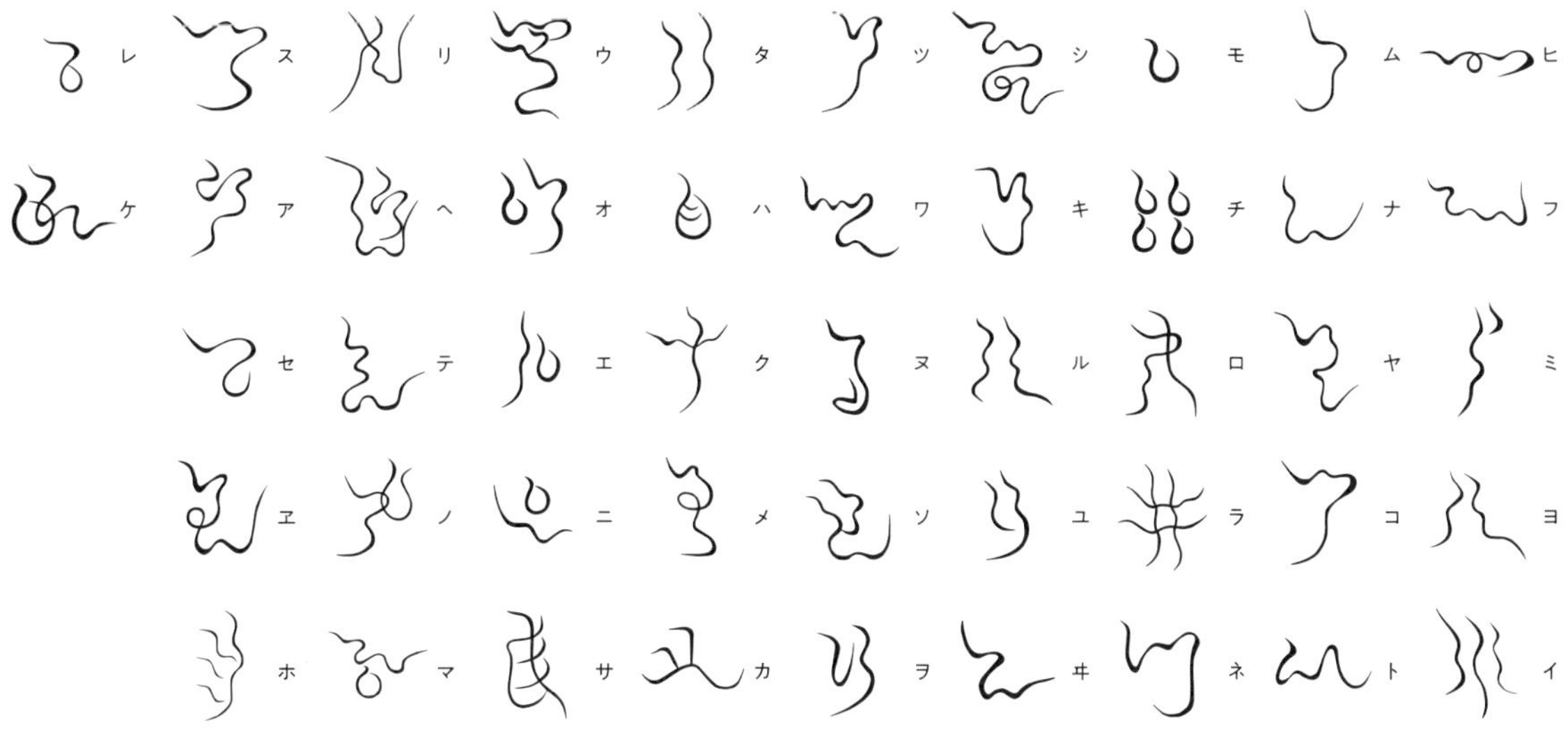

で「受信」したイメージに基づいて生まれた「水《みず》茎《くき》文字」です。

大石凝はある時、琵琶湖を泳ぐ水鳥が、湖面に映る芦《あし》の影をグニャグニャにしている様子から、文字のインスピレーションを得ます。さらにそこに、古くから和歌の歌枕として「水茎の岡」と親しまれていた琵琶湖にあった島のイメージを掛け合わせ、かっちりとした真書（楷書）の文字を体系化したのです。

水茎文字はタイプとしては阿比留文字に似ている部分もありますが、体系的にはまったく違うものです。

戦前に台頭した大本教の聖祖・出口《でぐち》王《お》仁《に》三郎《さぶろう》は、大石凝とともに**湖で文字が浮かんでは消える**のを見たと伝えています。それは大いなる者からのメッセージだったのかもしれません。

文字は古くから受け継がれてきたものもあれば、このように新しく体系化されるものもあるのです。

神代文字には長く論争が続いたり、真偽や由来について未解明のままだったりする文字もあります。本書は私が責任を持ってご案内していますが、**ご自身の感覚も大切にする**ことを忘れないでください。

阿比留草文字47音

阿比留文字の草書体と考えられるため、一文字ごとの基本的な意味は同じ。効力は阿比留文字に比べ、ややマイルドです。

ヒ

【解説】

霊そのものを表す字。古来より信仰の対象であった太陽の「日」であると同時に、燃える「火」でもある。あらゆるパワーの元となる音、根源となる音。唱えると、気力を強めることができる。

フ

【解説】

増える・震えるといった意味を持つ。物理学でいう「エントロピー増大」の法則のごとく、際限なく枝分かれして四方八方に増大していく性質。振動しながら、扇状に広がっていく働きがある。

ミ

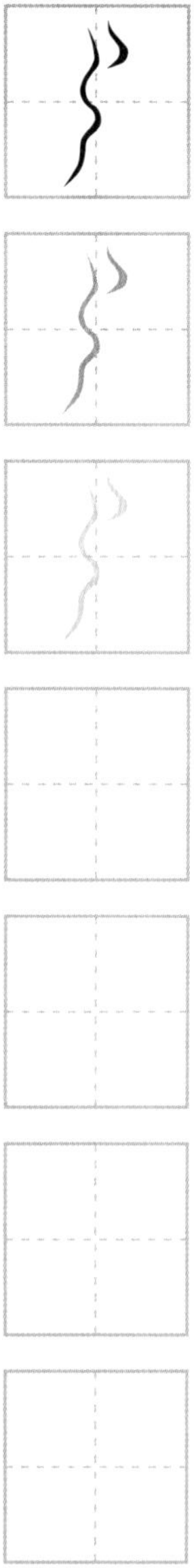

【解説】

体であり、中身。かたちあるものの内側。何かに備わる魅力そのものであると同時に、内に込もる力を充実させる働きも。お札などにパワーを込めたい時は、内側を意識して「ミ〜」と唱えると良い。

ヨ

【解説】

時間の流れ、移りゆくもの、あるいは世の中そのものを示す。また、空間・時間や、世の中全体に広く働きかける作用がある。空間に「ヨ〜」という音で呼びかけると、広い範囲に気の力が込もる。

イ

【解説】

意思を持つこと、意図することを表す。心に浮かぶ思いや考えに輪郭をつける役目を持つ。外部や他者に向かって意思をきっぱりと指し示し、その実現までの道筋をつくり、現実化へと導く。

ム

【解説】

ある一点に強く力を集中させ、そこに力を留める。「ム〜ッ」という音を発すると、過去や未来でなく、「今ここ」にパワーを宿し、強く、深く集中することができる。

ナ

【解説】

物事が「なる」ことを表す。強い力により、好ましい結果を出す。例えば、「奈良」は神聖な力が結実し、物事が叶う場所であったことを指し、神様が宿る山のことを神奈備《かんなび》山と呼ぶ。

ヤ

【解説】

力が連続して伝わり、次々に重なる様子を表す音。力や動作を、目指すべき一点に集中させることができる。弓矢の「や」であり、八重の「や」。言霊の力をさらに強め、増幅させられる。

コ

【解説】

一つの凝縮された存在を表し、バラバラなものをギュッと固め、まとめて一つにする役目を持つ字。調和が乱れ、物事が整わない時、組織が一体にならない時などに心のなかで「コ〜」と唱えると良い。

ト

【解説】

異なる性質を備えるもの同士をバランス良く結びつけ、成り立たせ、整える字。可能性の扉を開き、物事のテンポやタイミングを計りながら、進むべき方向性を示してくれる。

モ

【解説】

傷ついた心と体を癒やし、ヒーリングしてくれる言霊。果物の桃は心身を癒やし、供養する力があるとされ、黄泉の国に行ったイザナギが襲われた時に、桃の実を投げつけたという逸話がある。

チ

【解説】

体内を流れる血液の「ち」であり、限りなく広がる大地の「ち」。物事の巡りを良くし、場所や空間を巡る力を強化する。体に力をみなぎらせたい時、パワーを込めたい時は「チ」と唱えると良い。

ロ

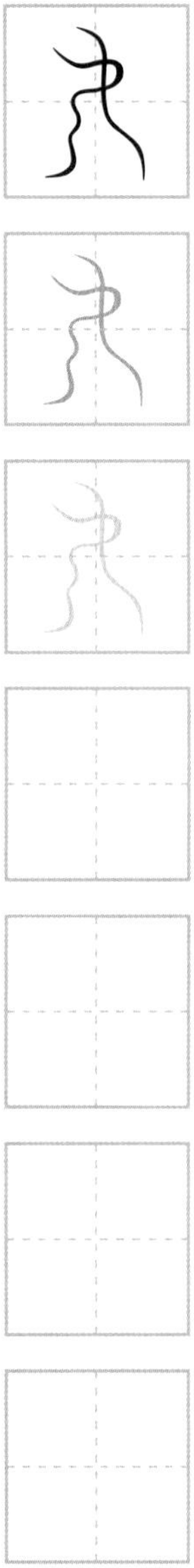

【解説】

テンポ良く、かつ軽やかにエネルギーを巡らせ、宇宙と共鳴する力をもたらす。無心の境地に至りたい時は、リラックスして「ロロロロ……」と唱えると、物事がスムーズに進むようになる。

ラ

【解説】

UFOを呼ぶフレーズである「ベントラー」などにも「ラ」が含まれているように、宇宙に向けて響かせる音。唱えれば大きな宇宙とつながり、同時に無限のパワーを自分のなかに引き込むことができる。

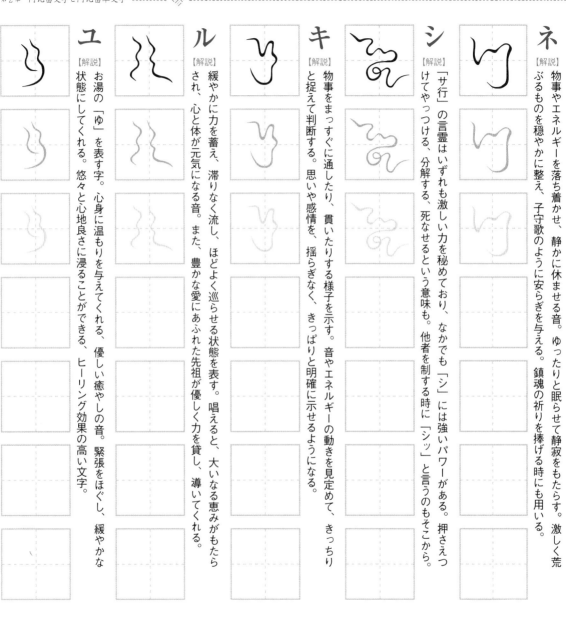

ネ

【解説】

物事やエネルギーを落ち着かせ、静かに休ませる音。ゆったりと眠らせて静寂をもたらす。激しく荒ぶるものを穏やかに整え、子守歌のように安らぎを与える。鎮魂の祈りを捧げる時にも用いる。

シ

【解説】

「サ行」の言霊はいずれも激しい力を秘めており、なかでも「シ」には強いパワーがある。押さえつけてやっつける、分解する、死なせるという意味も。他者を制する時に「シッ」と言うのもそこから。

キ

【解説】

物事をまっすぐに通したり、貫いたりする様子を示す。音やエネルギーの動きを見定めて、きっちりと捉えて判断する。思いや感情を、揺らぎなく、きっぱりと明確に示せるようになる。

ル

【解説】

緩やかに力を蓄え、滞りなく流し、ほどよく巡らせる状態を表す。唱えると、大いなる恵みがもたらされ、心と体が元気になる音。また、豊かな愛にあふれた先祖が優しく力を貸し、導いてくれる。

ユ

【解説】

お湯の「ゆ」を表す字。心身に温もりを与えてくれる、優しい癒やしの音。緊張をほぐし、緩やかな状態にしてくれる。悠々と心地良さに浸ることができる、ヒーリング効果の高い文字。

ヰ

【解説】

「イ」に近い性質を持つが、「イ」よりも強い力を備え、さらに潜在意識に働きかける作用も持つ。潜在意識のレベルで物事やエネルギーを調整し、威力を発揮してくれる、特に霊力の高い文字。

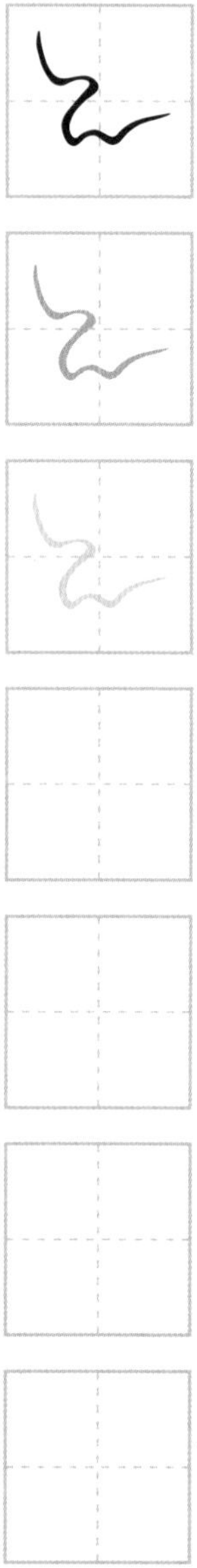

ツ

【解説】

釣る、つかむ、上に持ち上げて留めるといった意味を持つと同時に、宇宙から届く強烈な力を示す音。また、月のような神聖な霊力も表しており、呪術としてこの字を書くと、強い作用をもたらす。

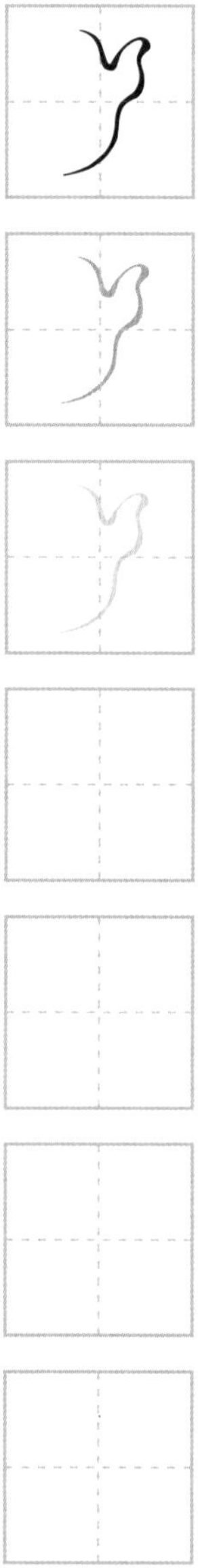

ワ

【解説】

切れ目なく円環する力、他者と調和し豊かに広がる心の働きを表す文字。「今ここ」に限定せず、外側の世界や、この先の未来に対して、広くゆるぎないパワーを強力にもたらす。

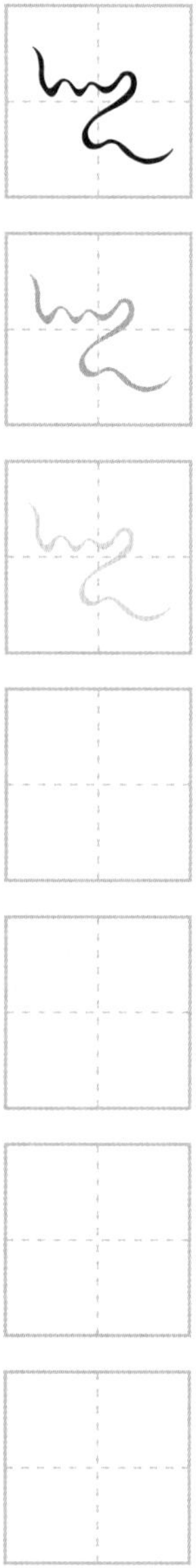

ヌ

【解説】

ぬらりとしてつかみどころがなく、呪術的にも強い言霊を持つ音。狙ったものに対し、強い力で意図的に働きかけ、希望通りに書き換えられる。また、悪しきものを吸収して、姿を消滅させる働きも。

ソ

【解説】

物事を支える基礎であり、根本にある音。人間にとっては肉体的なルーツとなる先祖そのものとなる。何かを始める時に力を発揮したり、あるいは基盤をつくったりする字。

ヲ

【解説】
「オ」と似た力を持つが、それ以上に強い力をもたらし、すべてをきれいに調和させて締めくくる。外に向かって強く自己をアピールするので、歌手や画家など、表現する人が名前に用いても良い。

タ

【解説】
広大な空間に響き、自然に揺らいでいる音であり、宇宙に存在する普遍的な調べ。言霊学の祖、大石《おおいし》凝真素美《ごりますみ》によれば、宇宙には「タタタタ」という音が響き渡っていると言う。

ハ

【解説】
開いているものや、緩やかに拡大している様子を表す音。物事が滞っていたり、固まっていたり、閉塞した感覚を覚えたりする時は、「ハ」の音を発すれば、それが現状を打破する力になる。

ク

【解説】
物事をストップさせ、一定の制限下に閉じ込める音。また、記憶や物事がこぼれないように留め、意識のなかに閉じ込めようとする音。力を放出させずに一点に封じたい場合に使うと良い。

メ

【解説】
人や物事に対して強い意思を持って働きかけ、速やかに動き出すよう促す効果がある。唱えれば、前向きな心を持って物事を注視するとともに、滞っている力を活性化できるようになる。

カ

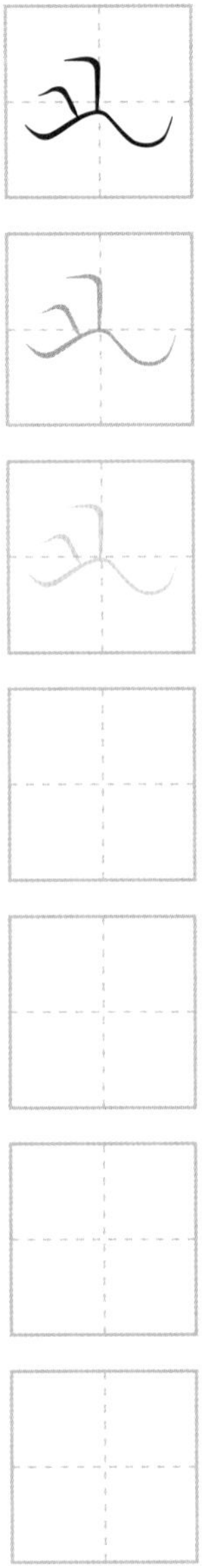

【解説】

「喝」を入れるがごとく、エネルギーを引き締め、強める。内側から外側に向けてパワーを放出させてくれる。似た性質を備える「ヒ」よりも強力で、手のひらから出るオーラを強める働きも。

ウ

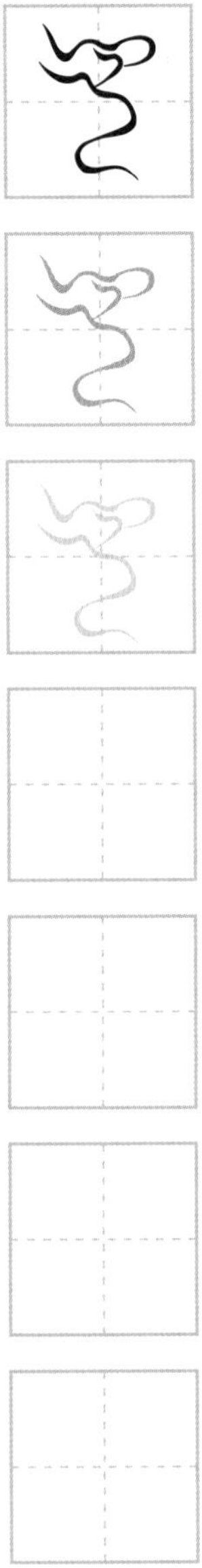

【解説】

宇宙的なパワーを我が身に感じさせてくれる音。人が幽体離脱する際に、口から発する音でもある。超越的な力をもたらしてくれるので、行き詰まった時には「ウ～」と唱えると良い。

オ

【解説】

物事を平均値に整えつつ、どっしりと落ち着かせる役目を持つ。悠然と構え、物事をあるがままに受け入れられるようになる。また、そこにある道理を尊重し、腰を据えて物事に取り組めるようになる。

エ

【解説】

「縁」の「エ」は、人と人との間に縁をもたらし、結びつける役割を担う。また、人と人だけでなく、人と宇宙との間の縁も結び、つなぎ合わせてくれる。

ニ

【解説】

土壌、埴土《はにつち》を示す。丹《たん》は「に」とも読み、赤っぽく、血が染《し》み込んだかのような土（辰砂《しんしゃ》）から転じて肉も指すことから、命が宿る直前のものも表す。食べ物に「ニ～」と唱えると、霊的な気が宿る。

サ

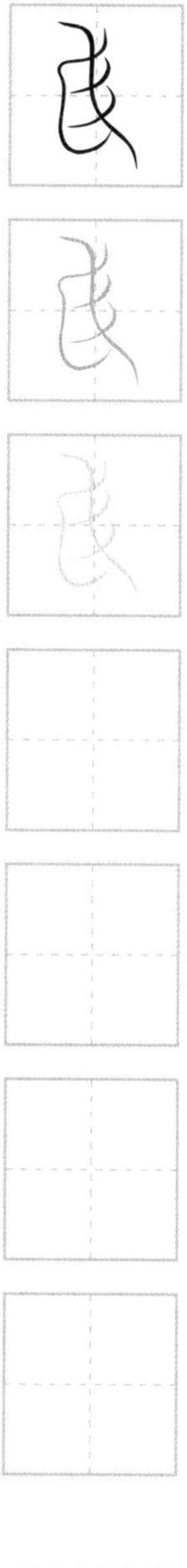

【解説】
小気味よくスピーディーに、物事やエネルギーにまとわりつく汚れや余計なものを払い除《の》け、さっぱりときれいにする。滞りなく、迅速に物事を浄化する力を持つ音。

リ

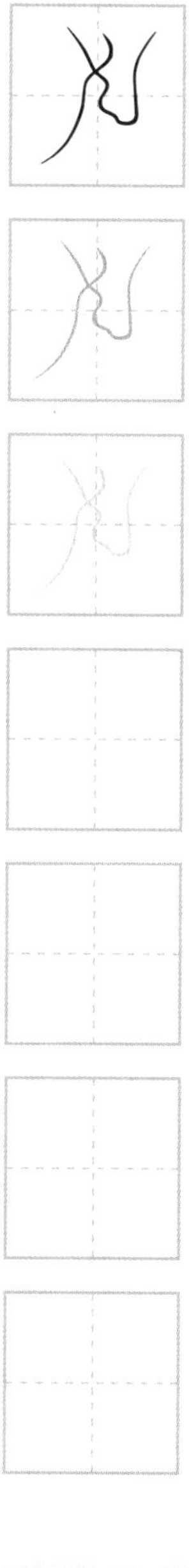

【解説】
複数のものをぴったりとくっつけて、同一にする働きを持つ音。また、きびきびとして節度があり、凛とした風情を表す。唱えると、毅然と物事に働きかけ、好転させられるようになる。

ヘ

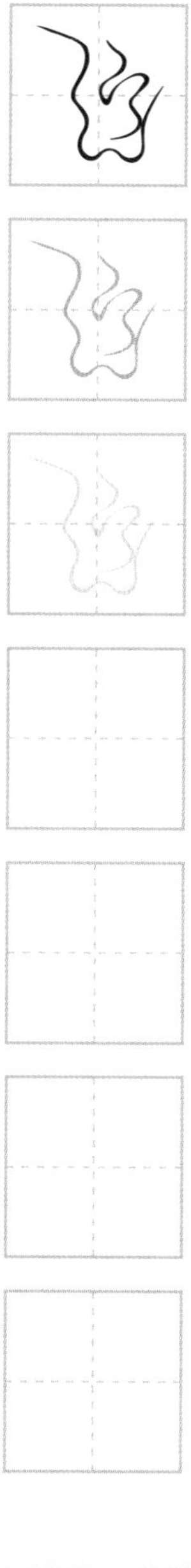

【解説】
中身でなく、物事の表側にある端や、へりの部分を表す。体でいうと皮膚の部分を示しており、「へ～」という音には、皮膚をなめらかに整えたり、髪の毛を生やしたりする効果がある。

テ

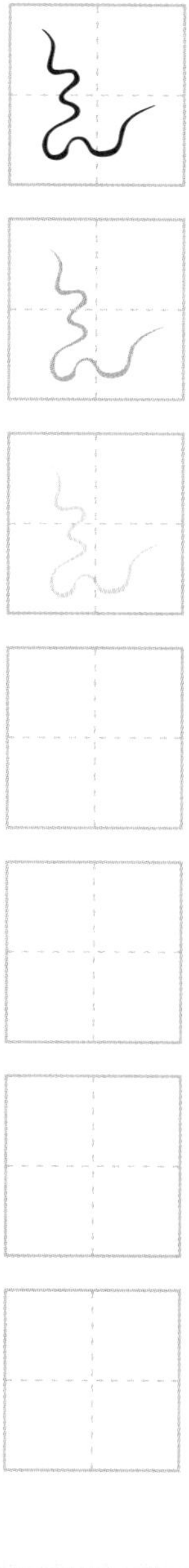

【解説】
体でいうと手先、足先、頭のてっぺんなど、突き出ている先端や突端を表す。何かしらの「先端」の力を強めるので、リーダーシップを発揮したい時、トップに登りつめたい時などに用いると良い。

ノ

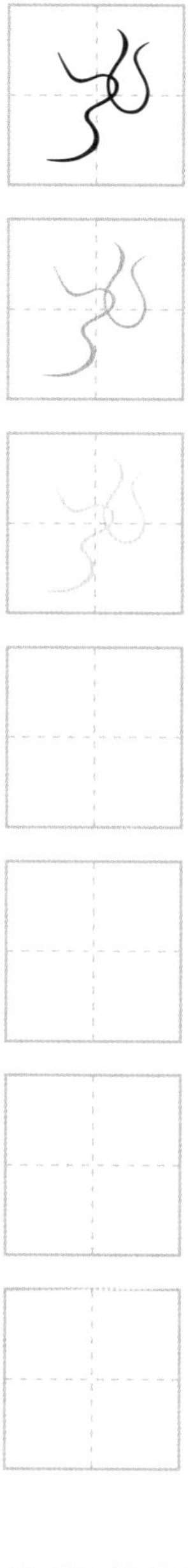

【解説】
天と地など、離れている二つの力を融合させる作用を持つ。役割や性質を考慮したうえで、それぞれの力を引き出して強化する。人と人とをつなぎ合わせ、結びつける役割も。

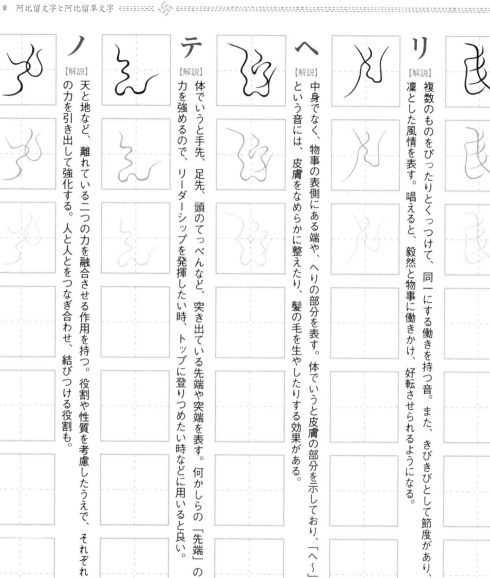

マ

【解説】
人と人や、ものとものとの間を空け、バランス良く保つ音。そして何においても、より良いタイミングを見極め、最適な時に物事を実現できるようにしてくれる。

ス

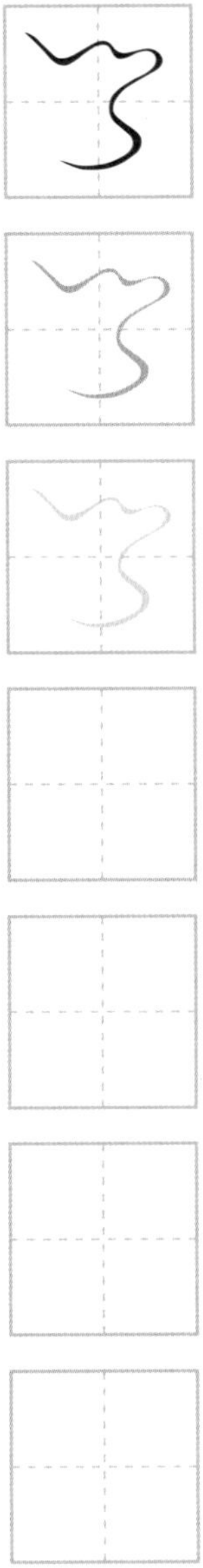

【解説】
地理的に日本の中央にある諏訪湖の「す」、日本の象徴である天皇《すめらみこと》の「す」でもあり、普遍的なもの、由緒正しいものの中心であることを示す。「ス」と唱えると、普遍的な力とつながれる。

ア

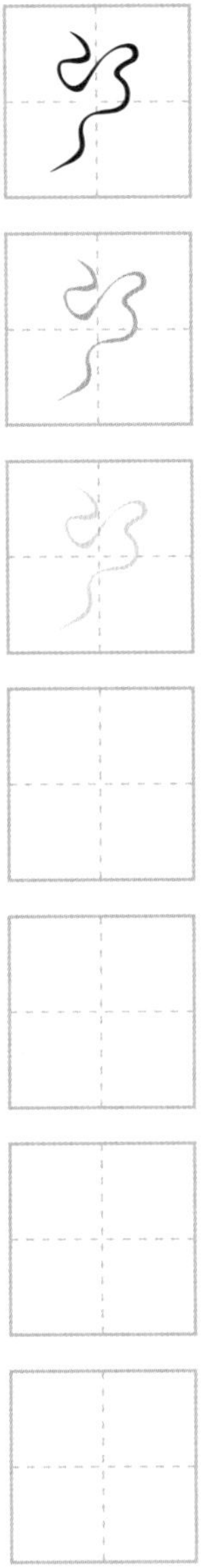

【解説】
すべての始まりや、「今ここ」から始まる瞬間を表す音。口を開けて初めて発する言葉であることからわかるように、あらゆるものを始めるパワーを持つ。

セ

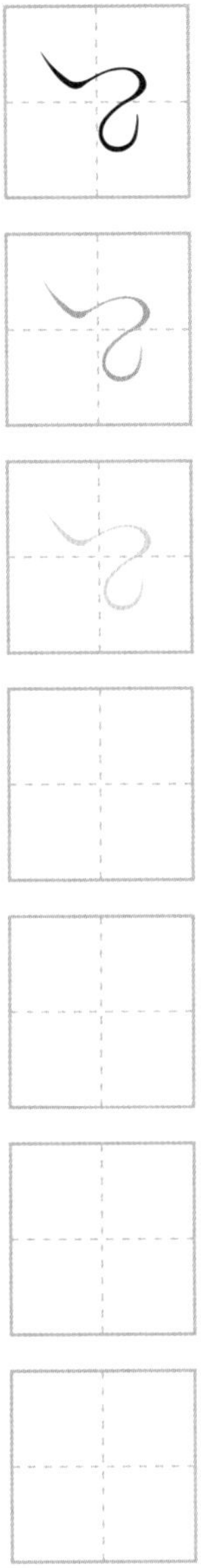

【解説】
水が淀《よど》みなく流れるように、過去から未来に向けて時間が流れている様子を示す。過去から積み上げてきたものや、培ってきたエネルギーを、「今ここ」に活かすことをサポートしてくれる。

ヱ

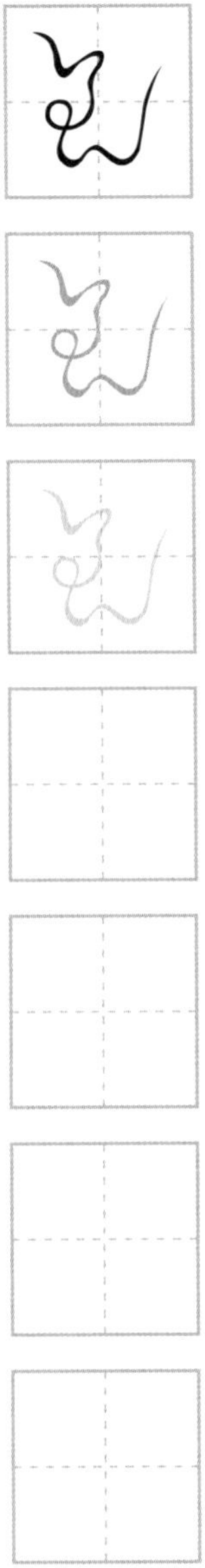

【解説】
「エ」と同様、人や物事をつなげ、縁を結ぶ力を持ち合わせるが、「エ」よりもさらにパワーは強く、良くないものは強力にリセットする。「ヲ」と同じく、何かを表現する人が使うと良い。

ホ

【解説】
穏やかさをもたらしてくれる音で、自分自身のリズムでナチュラルに動けるようになる。殺伐としている時も、平穏な心を取り戻させてくれる作用がある。喜びに心がほどけ、解放感に満ちる音。

レ

【解説】
無限の宇宙とつながれる字。喜びや楽しさなどの感情を、心ゆくまで感じ尽くすことができる。また、何事にも堂々と正面から向き合い、相手を尊重しながら等身大の力を発揮できるようになる。

ケ

【解説】
細く伸びるもの、極めて小さいもの、また、細分化していく様子などを示す。綿密に計画を立てたい時や、デリケートな感覚、細やかな気持ちを活かしたい時に、「ケ～」という言霊が役立つ。

阿比留草文字を使って自由に書いてみよう

阿比留草文字を使って、自由に書いてみましょう。文字一つひとつの美しさも感じながら書くと、それぞれの文字からのパワーをより得ることができます。

ルール

❶ 濁音、半濁音は濁点なしに変換する　例）スズキ→ススキ

❷ 小文字は大文字に変換する　例）キョウコ→キヨウコ

❸「ん」は「むあ」に変換する　例）ジュンコ→シュムアコ

❹「ー」は前の文字を重ねて変換する　例）パワー→ハワワ

(例) アキヤマ マコト

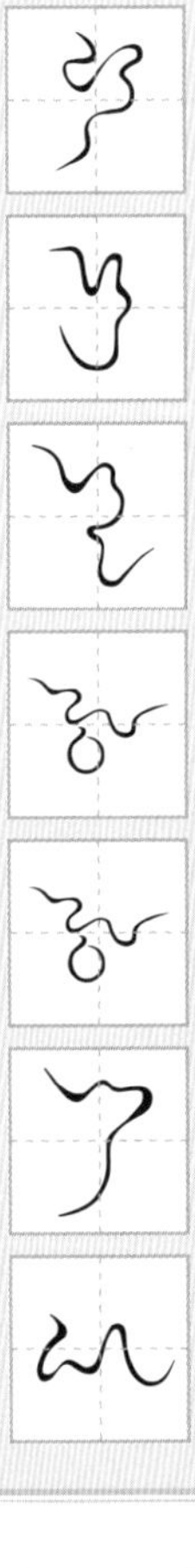

◆自分の名前を書いてみよう

◆パートナーや大切な人の名前を書いてみよう

◆好きな言葉を書いてみよう

◆願い事を書いてみよう

Column

神代文字との思い出 #02

神代文字で願を掛けて見事、高額当選

日頃から自動書記や神代文字を使ってさまざまな実験を楽しんでいます。自著のなかで、自動書記で不思議な図形やシンボルを書く人を紹介したことがあります。ある時その人と、「この能力を使って宝くじを当てることができるか、試してみよう」ということになりました。不思議な力を用いて能動的に現象を起こすことができるのか、確かめてみたかったのです。

そこでその人に降りてきたのは、6つの同じ図形。紙の上には同じマークが6つ並びました。それを見たその人が「これは宝くじを1枚ずつ、6回買いなさいということだと思う」と言うので、私たちはその通りにしたのです。

その結果は、6回目に勝った宝くじが、なんと一等の組違い。賞金10万円が当たり、その場にいた全員、驚いて腰が抜けそうになりました（その本のなかで、実際に当選くじの写真も出しています）。

また、つい最近も不思議なことがありました。とある雑誌の企画で、ある芸人さんとスタッフを交え、ナンバーズに挑戦した時のことです。その時に行ったのは、神代文字での「先取り祈願」。「くじに当たって、ある高級店でおいしいお肉を食べる」と神代文字を使って断定形で書いておきました。するとその時も見事に的中し、高額の配当金を手にすることができたのです。

さらに驚いたのは、あらかじめ決めていたお店で食事を済ませたところ、その額と配当金額が、端数までぴったり同じだったこと！　こうなるともう、魔術としか言いようがありません。

このように神代文字は摩訶不思議な力で、あなたの願いを後押ししてくれます。

第3章

神代文字で幸せを引き寄せる

ここからは本格的に、神代文字で奇跡を起こす方法を習得していきましょう。宇宙とつながり、願いを叶えるための祝詞を豊富にご紹介します。身構えず、軽やかな気持ちで向き合ってみましょう。

神代文字を使って願いを叶える

神代文字を活用する際は、ぜひ、心の状態も大切にしてください。心のなかがそのまま宇宙につながっていることを意識すれば、もっと願いが叶いやすくなります。

「呪術」の本来の意味合い

神聖さと強い霊力を持つがゆえに、時の権力者によって隠匿されていた神代文字。密かに伝播《でんぱ》し、別の文字へと姿を変えたりしながら現代へと伝わったこの文字たちは、多くの人たちがその力を求めて集う、宝そのものです。

ここまで何度か、「呪術」や「魔術」という言葉を使ってきました。

昨今はエンターテイメントの世界にもよく登場するこれらの単語ですが、自分とは縁遠い世界のものだと感じるでしょうか。呪術の「呪」は「呪《のろ》う」と読みますから、ちょっと恐ろしいイメージを持つ方もいらっしゃるかもしれません。

呪術には確かに、強い念や力によって人や事象をコントロールするものもあります。けれど、この本で皆さんにご紹介する呪術とは、「霊的・神的な何かとつながる」ためのものです。**神的な何かとつながるためのツールが神代文字なのであり、これらを活用することは、悪いものを遠ざけ、良いものを得たい」と願う人の心に寄り添う、聖なる呪術**だと言えるでしょう。

暮らしのなかにあふれる呪術

日本人の暮らしのなかで習慣的に行われている年中行事やしきたりには、まさに呪術的な意味合いがあります。

例えば、節分の豆まきは「鬼は外、福は内」という掛け声とともに、魔を祓《はら》う行事ですね。季節の変わり目は運気が不安定になりやすいため、そこに邪悪なものが入り込まないようにしようとするものです。

あるいは、雛祭りの原型は平安時代に始まった「流し雛」と言われるものです。紙や藁でつくった人形《ひとがた》に災いの要素を移し、自分や大切な人の身代わりとして流したものです。

人形（形代《かたしろ》とも）は今でも神社のお祓いで使われていますね。また、雛壇に並べる人形は、ご先祖様の姿に見立てたもの。ご先祖様と向き合ってそのご加護を求めるとともに、霊的な階段を昇って高みに上がれるように願うものなのです。

このように挙げていくと、きりがないほどに私たちの暮らしは呪術にあふれています。何気ない所作や言葉に、実は呪術的な意味が込められているという場合も数多くあります。

ですから、呪術は決して縁のない世界の話ではありません。むしろ非常に身近なものであり、そこには古い時代を生きた人たちの叡智《えいち》が詰まっています。スピリチュアルな存在に畏敬の念を祓い、霊的効果を求めた人々の、清らかな祈りが込められているのです。

「音にする」ことの大切さ

神代文字はシンボルとして大きな意味合いを持っていますから、眺めたり、書いたりするだけでも十分に霊的な効果を得ることができます。

ただ、ぜひ私は皆さんに、ことあるごとに神代文字を声に出して唱えていただくことをおすすめしたいと思っています。

『万葉集』のなかに、山上憶良《やまのうえのおくら》の詠んだ

神代より　言ひ伝て来《つ》らく《く》
そらみつ　倭《やまと》の国は　皇神《すめかみ》の
厳《いつく》しき国　言霊《ことだま》の
幸《さき》はふ国と　語り継ぎ
言ひ継がひけり

という歌が収められています。

この歌を訳すと、「わが国は、神代の頃から神様が威厳を持って守ってきた国であり、言霊が幸せをもたらす国であると、語り継ぎ、言い継いできました」という意味になります。

言葉が持つ不思議な力＝言霊が、いかに重要なものとして昔から捉えられてきたのかがわかるでしょう。

「言《こと》」はすなわち、「事《こと》」を意味します。音、言葉には呪力が宿っており、発することで、具体的な事象を生みだすことができるのです。

叶えたい願いによって、その呪文である祝詞は異なり、それを神代文字を使って書くことで、呪力が増大します。それぞれの願いによって恩恵を受けられる神様が変わるため、たくさんの種類の祝詞があります。62ページから各種の願いごとに合わせて祝詞を紹介しているので、ぜひ活用してみましょう。

また、祝詞は書くだけでなく、ぜひ声に出して唱えてみてください。**その音、その響きに宿る霊力が、あなたと神々しい世界との一体化を促してくれます**。そうすることで、望んだ世界を生きられるようになっていくでしょう。

神様は私たちを助けたくて仕方がない

神様・ご先祖様など、霊的な存在たちが住む世界にも段階があり、進化のステップがあります。その世界に住む存在は、より高級な霊となれるよう、進化し・成長することを目指しています。

何が彼らを進化させるのかと言えば、子孫を助けることです。ですから**神様たちは、本当は今こうして生きている、子孫の私たちを助けたくて仕方がない**のです。もちろん私利私欲のためにそれを願うわけではありません。子孫のサポートをするのが彼らの仕事であり、それがご先祖様の向上にもつながるからです。

神様は必ずあなたに力を貸してくださいます。ぜひそのことに気がついて、迷いや恐れを手放し、明るいバイブレーションを発してください。そして、人や社会を責め、恨むよりも、自分を許して癒やし、願いを叶えるために、大切なエネルギーを使っていきましょう。

心の状態＝未来の出来事

神代文字を活用する時は、ぜひ「心の状態」を整えてください。**あなたの心の状態が、そのまま未来を創造する**からです。

私はこれまで、「会いたいな」と思った人に会えたり、「こういう仕事がしたいな」と思ったことを手掛けられたりと、たくさんの素晴らしい縁に恵まれ、多くの願いを叶えてきました。

人や仕事だけではなく、ものとの縁にもたびたび、神秘を感じてきました。

若かりし頃、お金に余裕がなくて泣く泣く手放した本を、実に45年後に、まったく違う地域の古書店街で見つけ、また手に入れることができたり（当時の私の書き込みもそのまま残っていました）、あるいは何度譲っても、不思議と戻ってくる骨董品があったり。やはり、**ものにも意志があり、縁があれば必ず再会する**のだと思わずにはいられません。

それと同時に、「こうしたいな」という願いはもれなく叶うのだということを、改めて感じずにはいられないのです。自分の心の状態と宇宙は常につながっています。物事はその心の状態に共鳴するように引き寄せられ、発生します。

まさに「**我《われ》即《そく》宇宙《うちゅう》、宇宙《うちゅう》即《そく》我《われ》**」です。**心のなかであることを思い描いていれば、その状態と同じ未来の出来事が、シンボル化されて引き寄せられる**ということです。

願いを引き寄せるためのコツ

願いを叶えるポイントは、**軽く、淡く願う**ということ。私はよく「意念淡泊」という言葉を使いますが、通常より、ちょっと楽しいくらいの気持ちでいるのが良いと思います。

私も昔は、骨董品やパワーストーンを「どうしても欲しい！」という思いで集めていた時期があるのでわかるのですが、「何が何でも欲しい」という強すぎる念は、いつしか運命を行き詰まらせてしまいます。

「自分にとって必要なものなら、手に入るはず」くらいの軽やかな気持ちで願うのが、結果的に望みを叶えるための近道となるのです。

また、想像や妄想が得意な方はぜひ、望む未来を、ありありとイメージする習慣をつけてみてください。

例えば「家を建てたい」という願いがあるのなら、想像のなかで理想の家に住むのです。場所は？　壁は？　間取りは？　インテリアは？　どんな音が聞こえてきて、どんな風を感じる？　リアリティ豊かに、どっぷりと想像の世界に浸ってください。いつしか、同じ状況を引き寄せることができるはずです。

神代文字で「あちら」側の世界へ行く

人の心とは、もともと宇宙的なものです。私たちは現実を生きていますが、自分がこうだと決めれば、宇宙の果てにも、瞬時に意識を飛ばすことができます。

まるで水泳中に息継ぎをするかのように、そのようにしてたびたび「あちら」側の世界に行かなければ、私たちは閉塞感でいっぱいになり、メンタルのバランスを崩してしまいます。

神代文字は、その宇宙世界へのゲートを開く鍵となります。**神々しい「あちら」側の世界とつながることができれば、宇宙的なレベルの大いなる力を、自分のなかに宿すことができます**。すると、願いを引き寄せる力は強まり、インスピレーションは研ぎ澄まされるのです。

神々しい世界からのエネルギーを得ることで、あなたはどんどん進化していきます。神代文字を使うことは、自分の人生を豊かにするための呪力・霊力を高めるということなのです。

より強いパワーがもたらされる
効果的な使い方

いよいよ活用編に入っていきましょう。古くから「秘術」として用いられてきた神代文字。
その力を借りて呪力を宿し、望む未来を現実化するために大切なことを伝授します。

願いは人に秘密にする

「秘術」である**神代文字の力を最大限に取り込むための一番のポイントは、人に知られないようにすること**。神代文字を書く時は、こっそりと、自分だけにわかるようにすることが大切です。人に見られてしまいそうな場所に書くときは、できるだけ解読されにくい阿比留草文字がおすすめです。

肌に直接書く時は、人から見えない場所（手のひらや足の裏、ひざ、ひじの裏など）に書いたり、書いた場所の上から絆創膏を貼って隠したりしましょう（絆創膏自体に直接書いてもかまいません）。

そんなふうにして、他の人には内緒で、こっそり自分に魔法をかけてください。

使い方1 紙に書く

本書巻末には、自分で切り取って御守をつくることができるように、特別付録を収録していますが、どのような紙に書いても問題ありません。お気に入りのメモ用紙やカードなど、お好みの紙に神代文字を書いて使いましょう。

使い方2 体に書く

手のひらや足の裏、ひざ、ひじの裏など、体に直接、油性マジックで神代文字を書くと、とても強いパワーを得ることができます。その際は、他の人からは見えないように、できるだけ小さく書くことがポイントです。

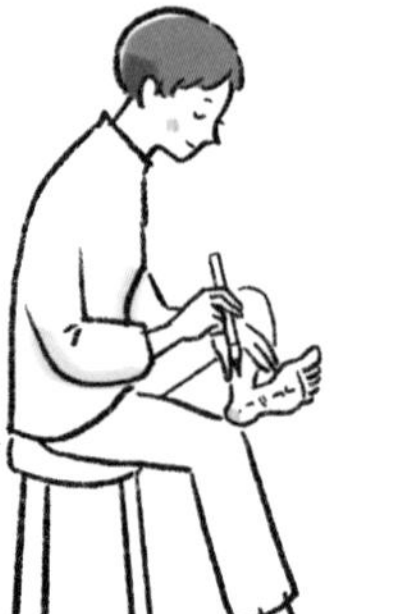

使い方3 体に貼る

体に直接書くことに抵抗がある人は、絆創膏やテーピング用のテープなどに書いて体に貼っても良いでしょう。おすすめの場所は、肩甲骨の間。ここにある風門のツボの位置に貼ると、神代文字のパワーが全身に広がり、その恩恵を最大限受けることができます。

使い方4 持ち歩く

神代文字を書いた紙や作成した御守は、バッグや財布、ポケットのなかに入れて、常に持ち歩くと良いでしょう。撮影して待受画像にしたり、SNSなどのアイコンにするのもGood。日常的によく目にすることで、多くのパワーを得られます。

使い方5 飾る&置く

神代文字を書いた紙や作成した御守は、玄関、洗面所、台所、ベッドの頭側（天井に貼っても）など、毎日よく目にする場所に飾っておいても良いでしょう。特に睡眠中は、多くのパワーを得られるとされています。置く方角は北がおすすめ。

神様とつながり、波動を上げる

祝詞

体を震わせることで神様が宿ると言われており、「フルタマ」とは、人間の霊的な力を震わせ、揺り起こすという意味を持ちます。「アン」は「アーメン」などに共通する、自己宣言を強める言葉。自分のなかの霊力を強い力で引き出す祝詞です。

【祝詞】フルタマノ　フルフキノ　イキフルフルナ　アン（ムア）

【文字】

大いなる力とつながり、祝詞
強運を手にする

古神道では、運が良くなることは「憑《つ》くこと」と捉えます。良いものが憑くことで運気が上がっていくのです。「ツキツキ」は、何かしらの良い存在と合体することの象徴。未来に向かって末永く運気を向上させていく祝詞です。

【祝詞】ツキツキオク　ツキツキナム　ツロルラノオ

【文字】

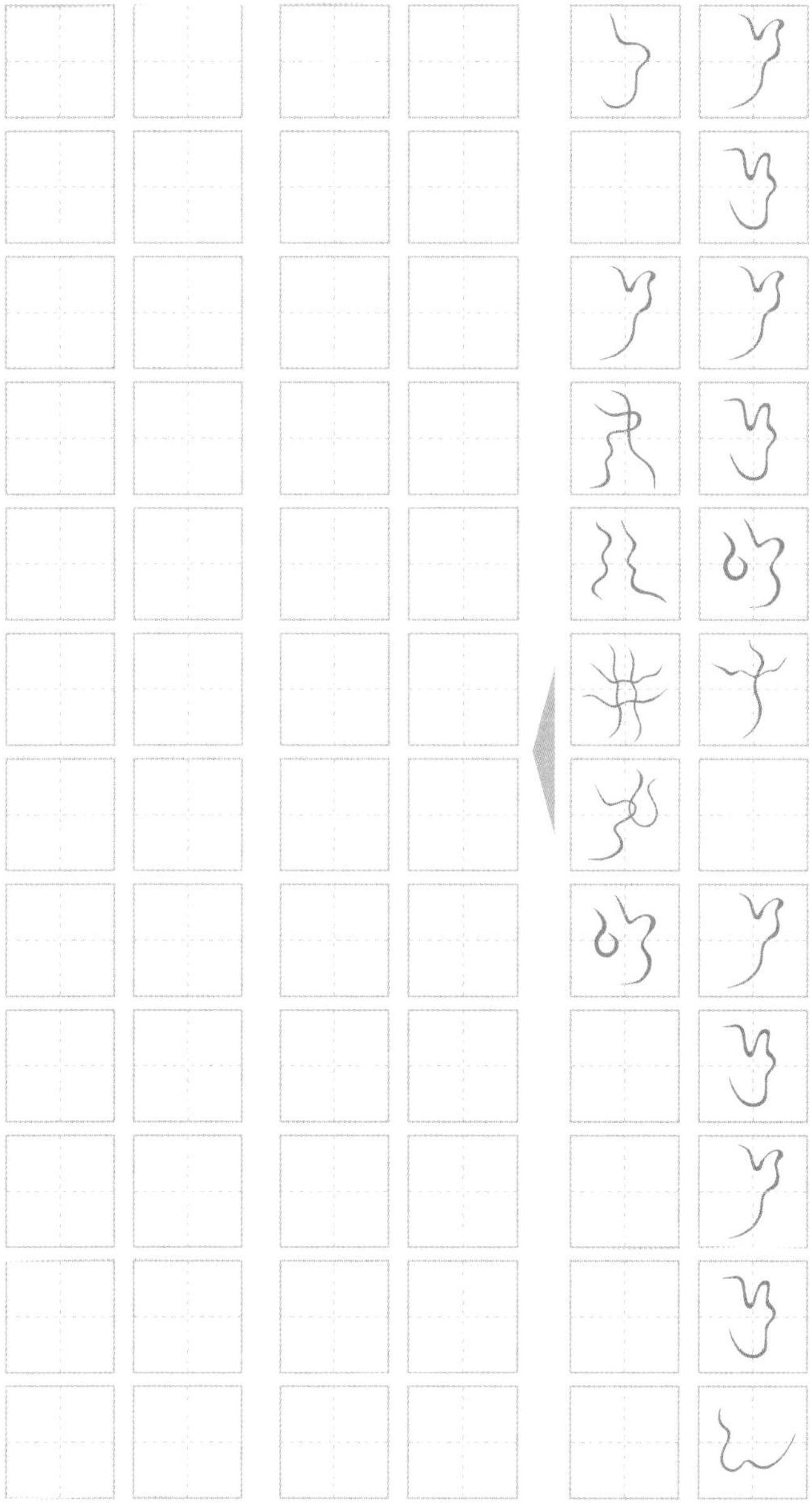

龍神様と出会える　祝詞

「神様が乗るベンツ」とも言われる霊獣《れいじゅう》、龍は、あらゆるタイミングをきれいに整え、未来へとつなげていく神様と言われています。「リリラオン」は「龍神よ来い」、「カムナリテ」は「神様をかたちとして現せ」という意味です。

【祝詞】 リリラオン（ムア）　カムナリテ　ヒノヒラノ　カミナリテ

【文字】

リリラオムア　カムナリテ　ヒノヒラノ　カミナリテ

素晴らしいシンクロニシティを起こす祝詞

「アメツチ」は天地を表します。「イヤサカ」は「栄え」の語源と言われ、また、「三千年続きますように」という意味が込められた言葉です。この祝詞は皆に末永く幸せが届きますようにという祈りの言葉で、あらゆるタイミングをきれいに整えます。

【祝詞】アメツチイヤサカ　ミナ　サチ　ハエマセ

【文字】

ア メ ツ チ イ ヤ サ カ　ミ ナ　サ チ　ハ エ マ セ

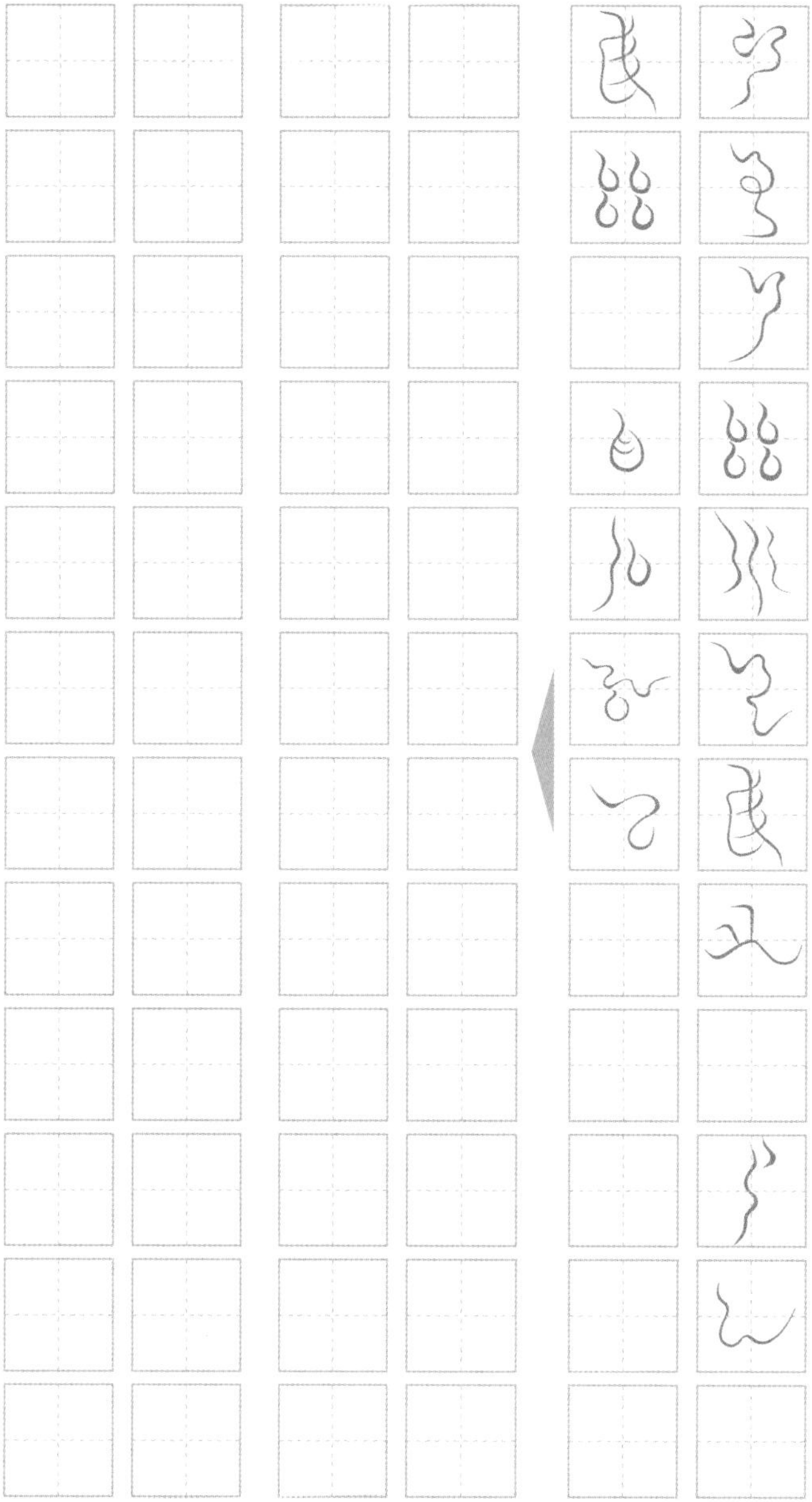

宇宙のエネルギーを取り込み、覚醒する　祝詞

「ウ」という言葉は宇宙そのものを表し、単独で「ウ」と唱えるだけでも大きな力が授かります。この祝詞は、宇宙の力が躍動しながら開き、増大していく様子を表すもの。書いたり唱えたりすることで、宇宙の力が降り注ぐでしょう。

【祝詞】ウラウ　ウルメ　カムナカノ　イチヒラキ

【文字】

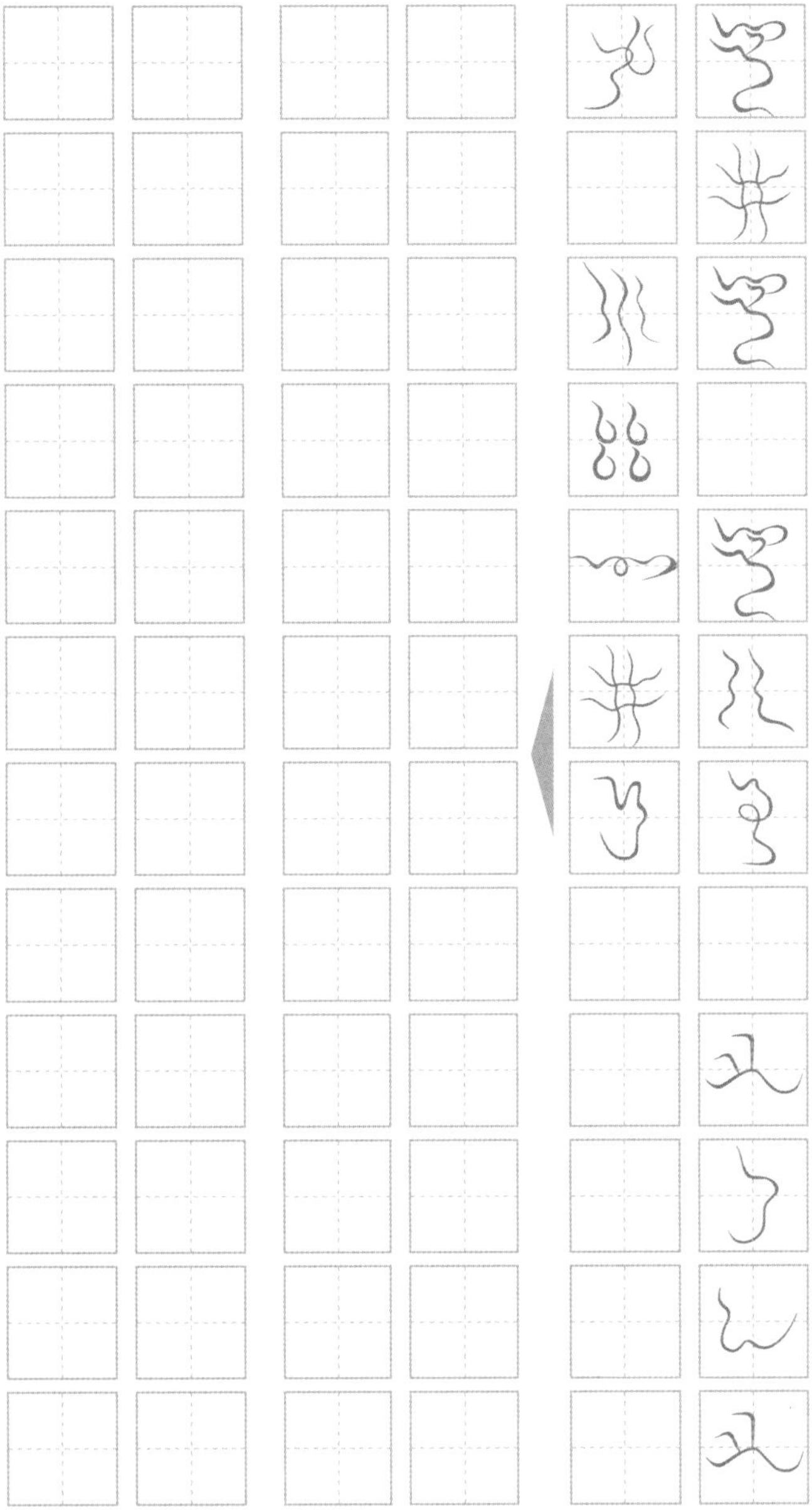

願いを引き寄せる　祝詞

「イノイナリ」という言葉には「祈り」と「稲荷」がかかっています。「ヒキヤマナ」は「天分《てんぶん》」（天に蓄えられている自分の配分）という意味。「天の配分を私の願い通りに今ください」という思いを表す祝詞であり、願望成就のサポートが期待できます。

【祝詞】イノイナリ　ヒキヤマナ　ヒノカカニ　アイ

【文字】

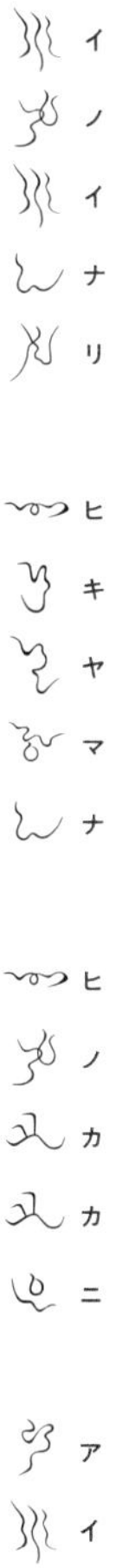

自分のなかに眠る能力を開花させる祝詞

「タマ」は霊、「ツメ」は集めることを意味し、「タマツメ」で「霊的な力を集める」という意味となります。そこに「カムナ」で神様を宿し、自分の最強の状態をつくり上げることができるでしょう。それが輝かしい未来へとつながっていきます。

【祝詞】 タマツメカムナ　アナライノ　ヒノヒキアムア

【文字】

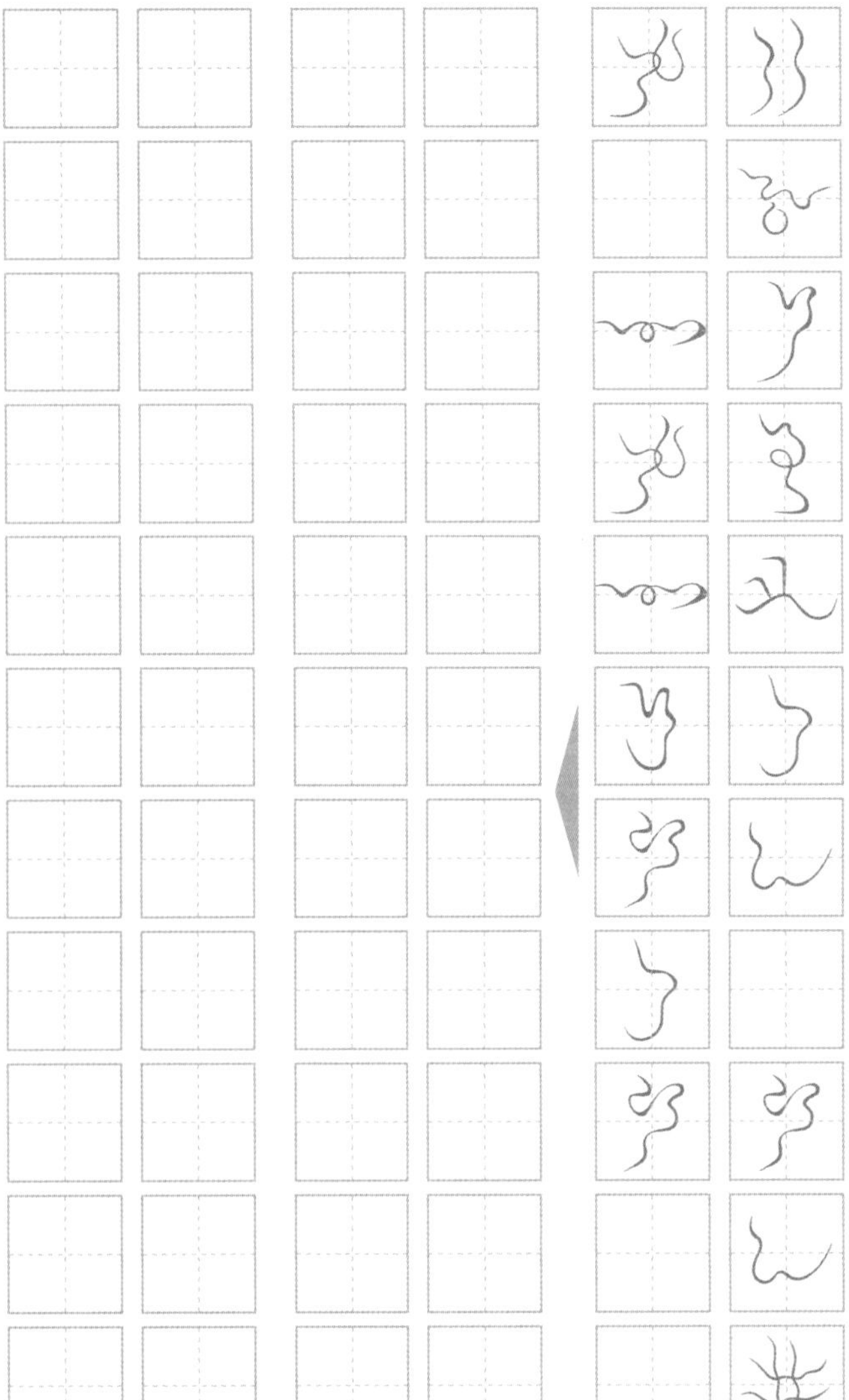

お金に恵まれ、豊かさを手にする　祝詞

「トヨ」は「豊かさ」を表す言葉。「カネタマ」はお金の精霊のことです。「アリナルオ」は「ここに現れる」という意味です。お金の精霊を味方につけ、豊かさを今、ここにもたらすための祝詞です。

【祝詞】 トヨキナリ　カネタマノ　アリナルオ　ヒラキ

【文字】

トヨキナリ　カネタマノ　アリナルオ　ヒラキ

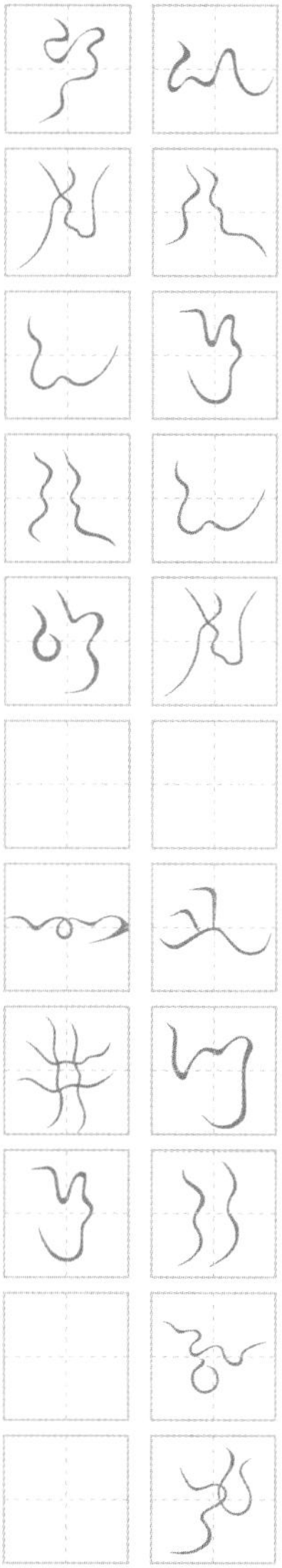

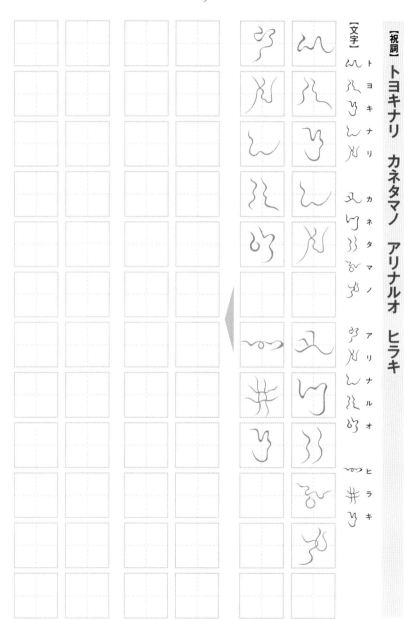

仕事で活躍し、昇進や出世を叶える 祝詞

「ヒビキ」は、重なって広がっていくものの象徴。「ハナ」は「花開く」という言葉から連想できるように、結果が出るという意味です。すでに自分がうまくいっているイメージを頭のなかに心地良く描きながら活用すると、良い結果がもたらされます。

【祝詞】ヒビ(ヒ)キナリ　イノイノリ　ハナ　ナリアルカ

【文字】

素敵な恋を叶える　祝詞

天と地をくっつけるほどの力強さで、ご縁を紡いでくれる強力な祝詞。また、天と地にあるものを総動員させて恋を成就させる、という意味も込められています。人から見られる自分の姿をより魅力的にしていく効果もあります。

【祝詞】アメヤ　アメツチオ　イナラカオ　ウン（ムア）

【文字】

意中の相手の心をつかむ　祝詞

「トヨウル」は豊かさと潤いを表します。この祝詞を用いて、想い人がいつでもそばにいる、豊かで瑞々しい自分を先取りしてください。霊的なサポートが入り、やがてそのような現実を引き寄せることができるでしょう。

【祝詞】トヨウルヤ　トメヨ　タマ　アイオ

【文字】トヨウルヤ　トメヨ　タマ　アイオ

家族や大切な人が幸せになる　祝詞

「ワ」の響きが続く祝詞です。家族や大切な人との絆を強めるのは、「環《わ》」や「和」です。お金や労力、情報、愛、さまざまなものを無償で提供し、環のように循環させていくのが家族。その様子を表す、平和に満ちた祝詞です。

【祝詞】ワナリ　ワウチ　カミ　ナリオ　ワオ

【文字】

素晴らしい人間関係に恵まれる祝詞

素晴らしい「結び」を実現し、良い時に、良い人と、良い場所で会えることを促してくれる祝詞です。「アオ」というのは、この世に近い霊的な世界のこと。そういった世界の存在からの加護を受け、素敵なご縁に恵まれるでしょう。

【祝詞】ムスビ（ヒ）ムスナビ（ヒ）　アオナリヤ　ヒトヒノ　モトヘ

【文字】

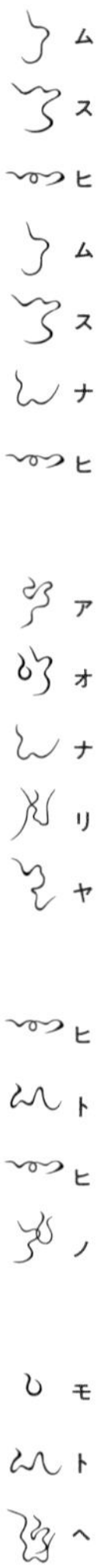

健康運を上げる　祝詞

体への労り、慈しみの想いが込められた祝詞です。「アルキナル　アカラミナ」で、血が巡る、健やかな自分を「今ここ」に持ってこようとします。ちなみに人間の体のなかで、血が一番霊的な影響を受けると言われています。

【祝詞】　タマフルノ　アルキナル　アカラミナ　アン（ムア）

【文字】

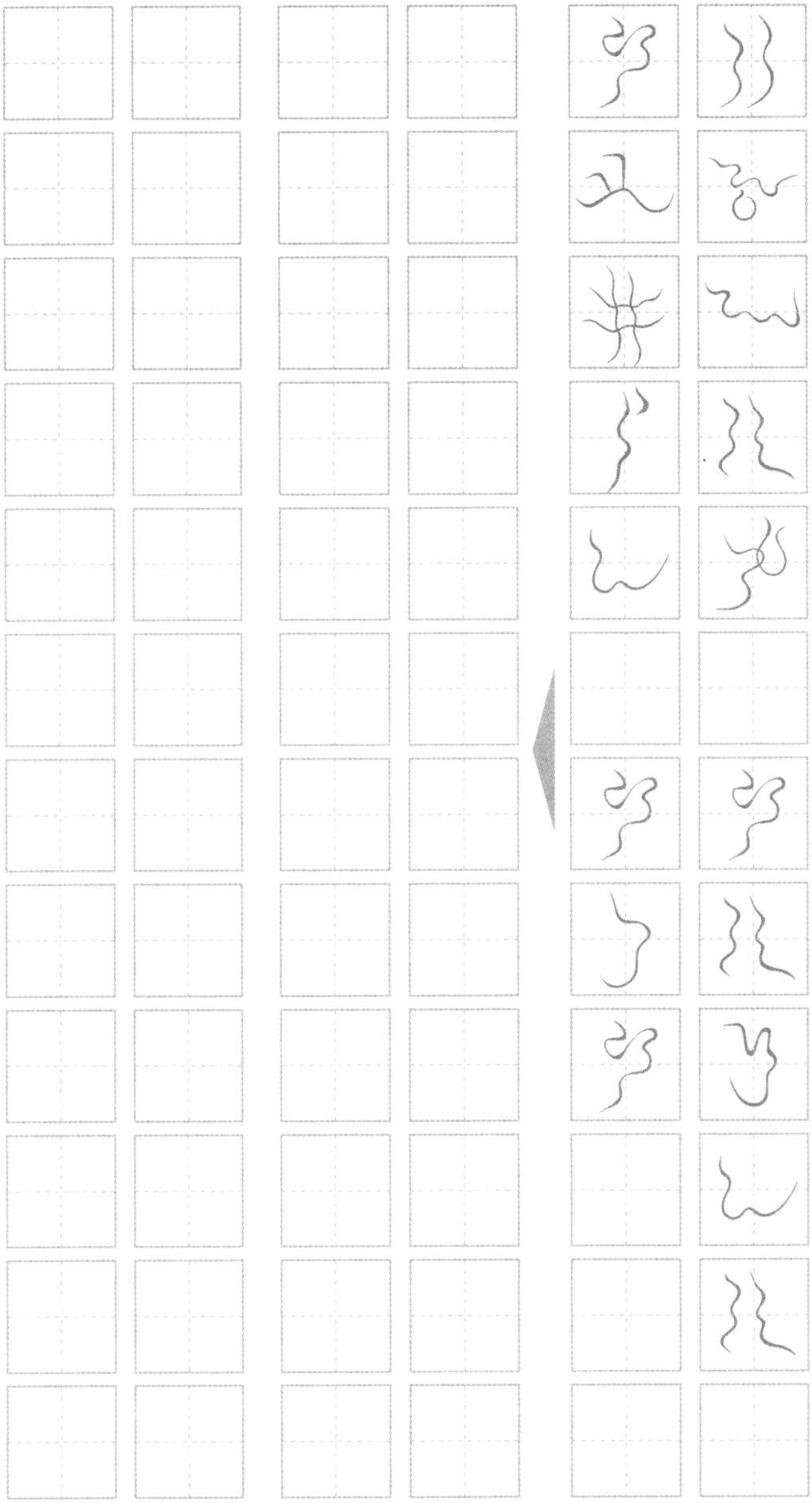

心に安らぎを与える祝詞

「アマ」は神様の愛情。「アマナイテ」で神の愛を自分のものにするという意味となります。また、末尾の「ナム」という言葉には、複雑なものを統合するという意味があります。愛などさまざまなものを良いタイミングで受け取れるようになる祝詞です。

【祝詞】アマナイテ　アイナリヤ　コトイナム　トナム

【文字】

勝負運を上げ、勝利をつかむ祝詞

「カチナリヤ」は「勝ってやろう」という力強い意思を表します。自分自身が勝つことで国も周囲の人も豊かになっていくことを意味する祝詞であり、望んだ勝利が手に入るよう、サポートしてくれるでしょう。

【祝詞】カチナリヤ　クニナルヤ　トヨナルヤ　アン(ムア)

【文字】

カチナリヤ　クニナルヤ　トヨナルヤ　アムア

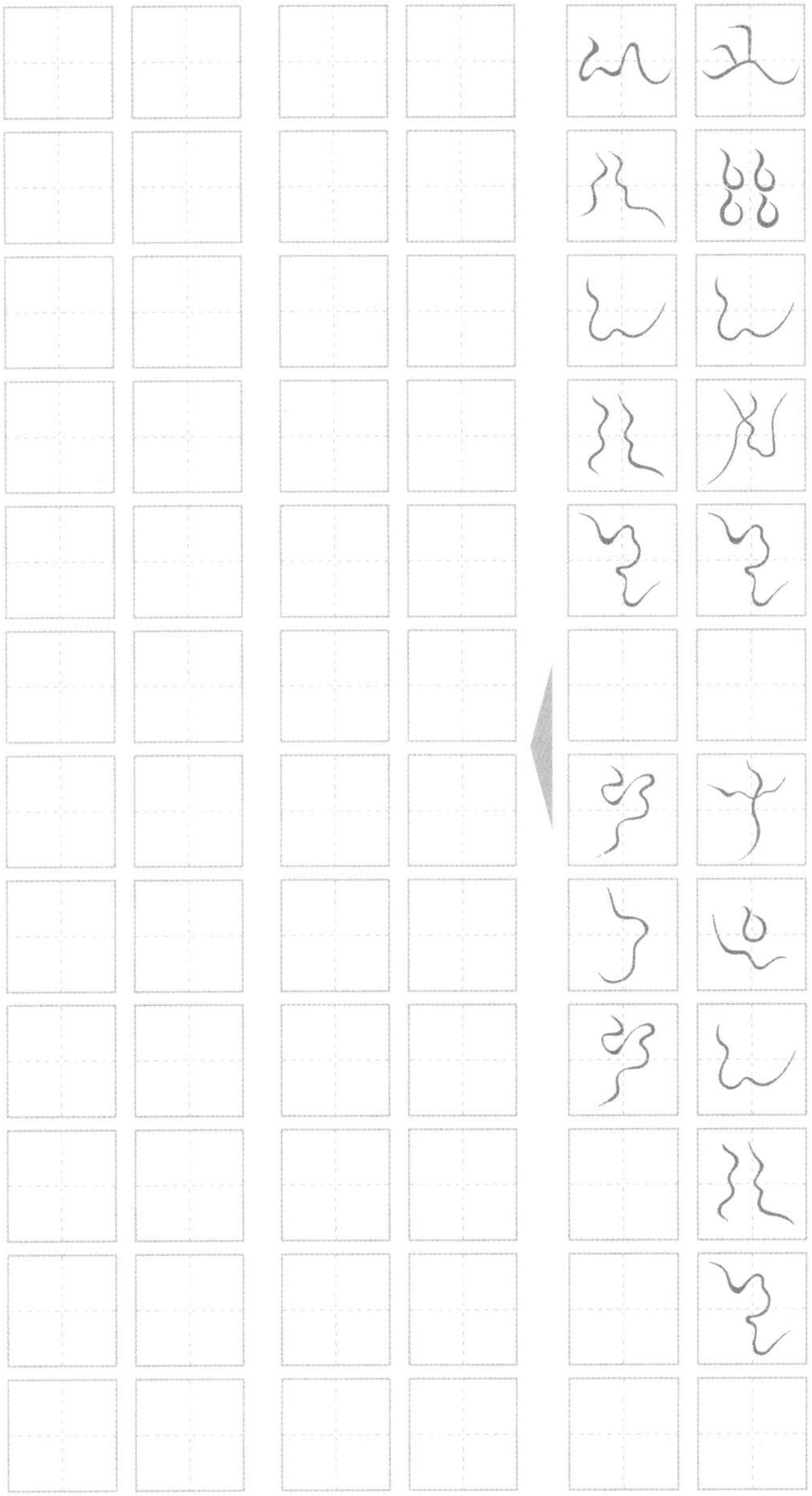

悪運を退ける（プロテクト）

祝詞

節分の「鬼は外」から連想されるように、「外に立て」として、外部からやってくる悪縁から自分を防御します。悪運につけ込まれる時というのは、自分の軸が揺らいでいるもの。「トメトルイ＝しっかり心を留めよ」で自分の軸を強固なものにしましょう。

【祝詞】ソトニタテ　トメトルイ　アイナルヤ　ウン（ムア）

【文字】

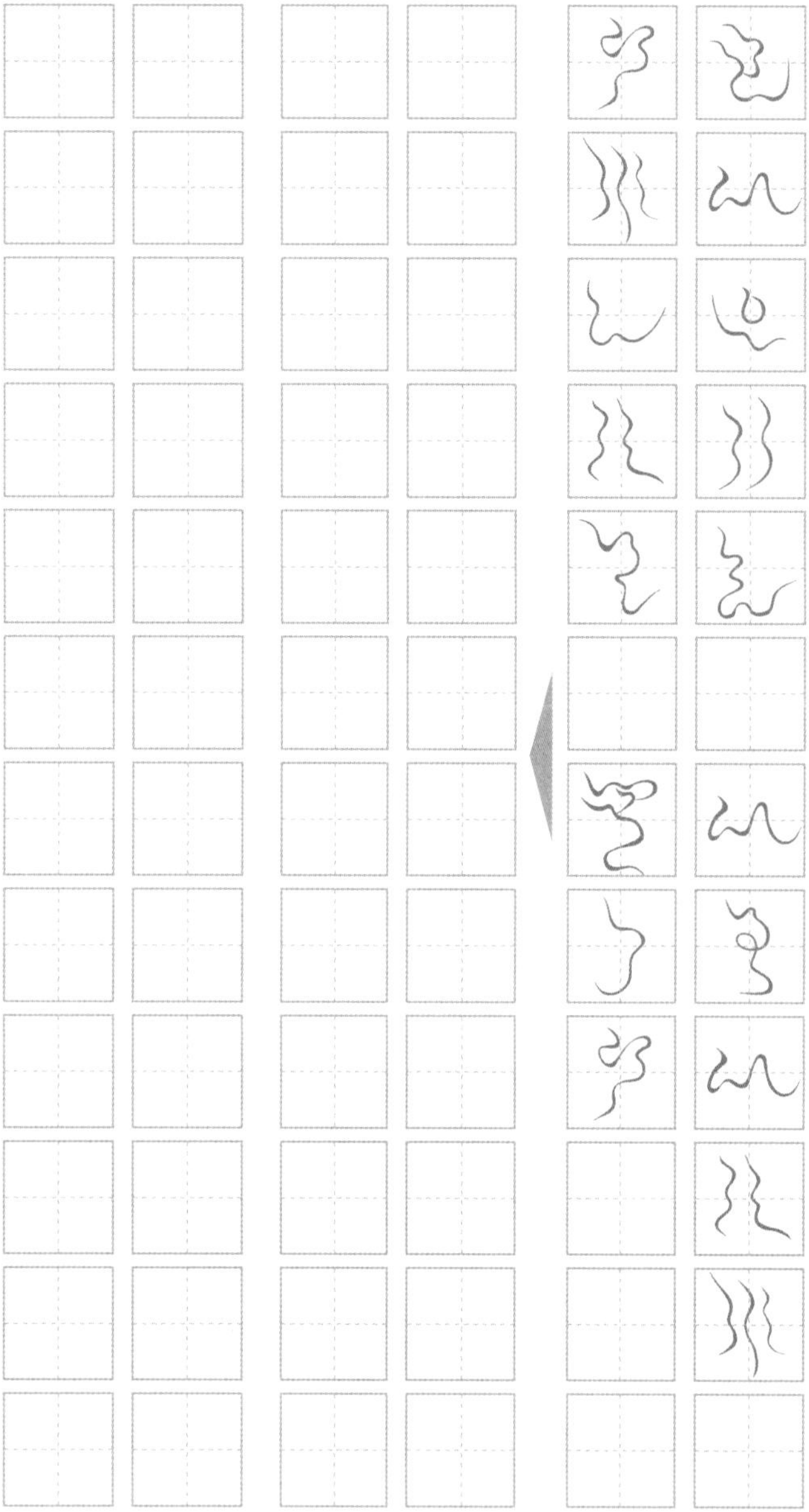

悪縁を断つ祝詞

弱気になったりと、攻撃的になったりと、自分自身が崩れている時に悪縁は生まれるもの。その状態を洗い流し、本来の状態に戻すための祝詞です。混乱状態から抜け出し、内なる神様がいる状態へと自分をチューニングすることができます。

【祝詞】タトイラノ　ツギ(キ)ツクヒライ　カムナルカ　トメナ

【文字】

タトイラノ　ツキツクヒライ　カムナルカ　トメナ

Column

願いを叶えるための方法

望む幸運を引き寄せる「心の磁力」のポイント

「引き寄せの法則」は、すっかり世の中に定着しましたね。精神世界でも昔から、「マグネティックマインド」という言葉があります。これは、何かを願えば、磁石のようにそれが引き寄せられてくるというもの。「思えば叶う」、この仕組みはさまざまな方面から研究・実証されてきました。

夢や願いを引き寄せるためには、ポジティブな思いが大事であることはすでにご説明しましたが、実はそこに大切な補足があります。それは、ポジティブな考え方をすると同時に、「ネガティブな思いを避けることが重要である」ということ。

引き寄せの法則をはじめ、自分を幸せにするためのメソッドや理論はあふれています。けれど、実践してもなかなかうまくいかないという場合、ポジティブな思いの裏に潜んでいるネガティブな思いに、足を引っ張られているケースも多いのです。

「幸せになりたい（けれどうまくいかないんじゃないか)」、「成功したい（けれど自分には無理なんじゃないか)」というように、「けれど……」、という思いは、願望の達成を阻んでしまいます。心の奥にあるネガティブなものに焦点が当たり、幸せを遠ざけてしまうのです。

ネガティブな思いというのは意外と根強いものです。呪術や自己暗示でも、術をかけるより外すほうが難しいのと同じです。

第３章では「悪運を退ける」「悪縁を断つ」祝詞も紹介しましたので、ぜひ活用してみてください。そして同時に、自分の心をよく見つめ、ネガティブな心の裏に何があるのかと丁寧に向き合い、ポジティブな光で消し去ってください。

第4章

神代文字で自分だけの御守をつくる

最後は応用編。世界にたった一つしかない、「My御守」のつくり方を紹介します。呪術に使うアイテムは、自分でつくることでより強い力が宿るもの。あなたの霊力を込め、大切な分身をハンドメイドしましょう。

世界に一つの「My御守」をつくろう

生年月日から割り出した「八卦《はっけ》」を象徴する形や色を使用し、神代文字で名前や願い事を書き込めば、この世界にたった一つだけの、オリジナルな御守が完成します。

自分でつくるからこそ、呪力は強くなる

神代文字の書き方を習得したら、自分だけの御守をつくってみましょう。

一般的な御守は、袋のなかに護符が入っていますよね。その護符の部分を自分でつくるのです。

呪術に用いる道具を「呪具」と言いますが、呪具を自分の手でつくると、その効果は一層強まるものです。

そしてここでもやはり、ひっそりつくることが、効力を発揮させるための秘訣。**あなたの願いを託し、その霊力にあやかる大切な呪具は、秘めやかに祈りを捧げながらつくりましょう**。

呪術の本質は自分の思いを強めるもの、つまり「自己イメージを再強化」するものです。御守を身につけ、なりたい自分の姿や叶えたい夢に対して、絶対的信念を持つようにしてください。そうすれば自ずと、望む世界を自分のもとに手繰《たぐ》り寄せることができるでしょう。

Point

- 「My御守」の台紙を巻末に用意してあります（八卦別）が、お好きな紙などに書いても、もちろんかまいません。
- つくった「My御守」は、折って持ち歩いても問題ありません。

自分だけの御守をつくる5ステップ

世界に一つしかない「My御守」をつくるためには、5つのステップを順に進んでいきます。

すべてのステップが完了すると、下記のような御守をつくることができます。

Step1 八卦《はっけ》

生年月日から「八卦」の守り神を導く

生年月日から、生まれながらにして持っているその人の宿命・運勢とも言うべき、「八卦」の性質を知ることができます。八卦を知ることで、自分の守り神や運気を上げる色、方角などがわかります。

P.84へ

Step2 名前

姓名の運勢を見て、凶の字画を神代文字に変換する

姓名の字画を数えることで、名前がもたらす運勢を見ます。もし、運勢が悪い字画であっても、その文字を阿比留文字や阿比留草文字に変換することで、運勢を変えることができるのです。右記は右から「ハルノ」です。

P.87へ

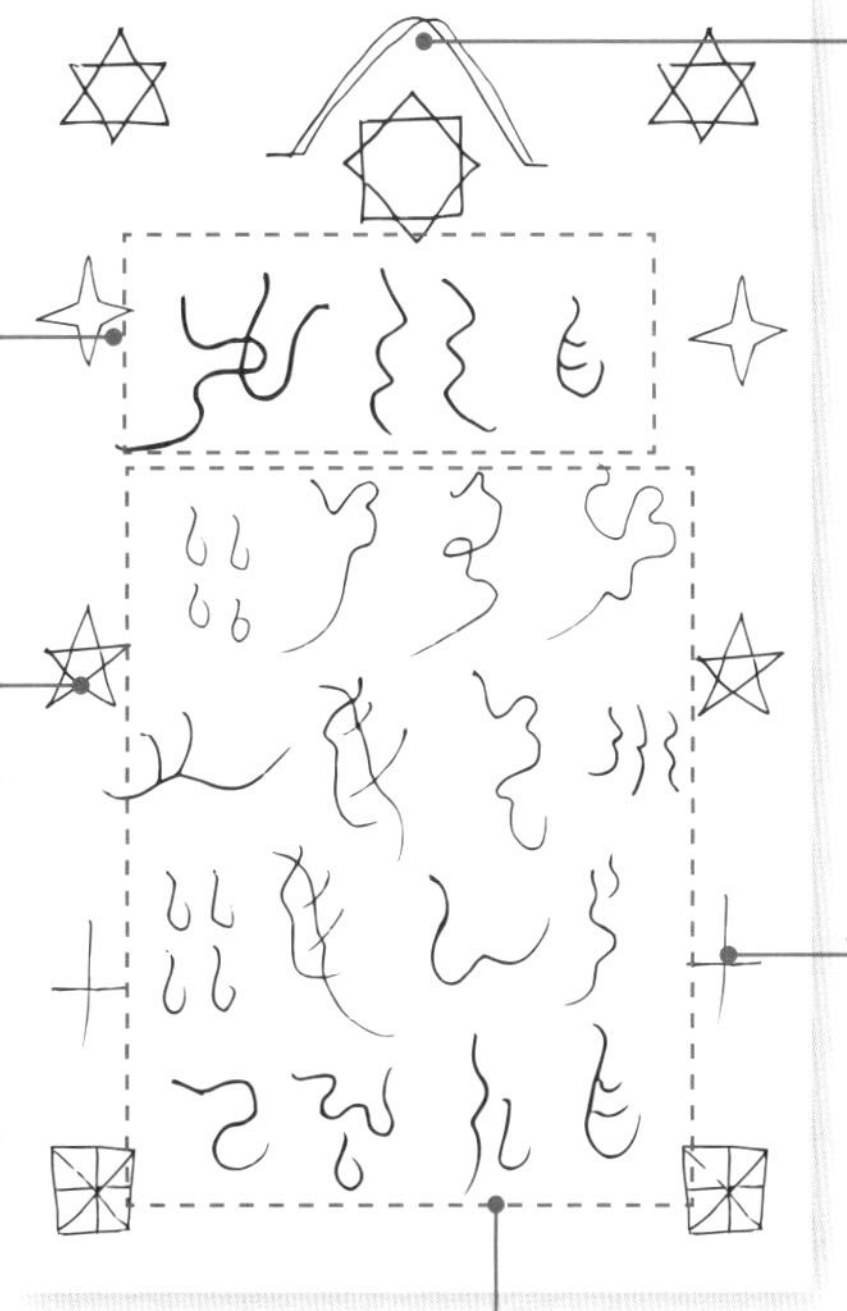

Step3 色

御守に用いる色を決める

「My御守」は、自分の八卦に対応する色、運気を上げる色、単純に好きな色など、お好みの色を使って自由につくることができます。また、2色を使って書くと、宿るパワーはさらに強まります。

P.94へ

Step4 シンボル

パワーのあるシンボルを御守にあしらう

八卦のそれぞれを現す形や、パワーのあるシンボルなどを「My御守」にあしらうことで、より強力な御守をつくれます。好きな位置に好きな数だけシンボルをあしらって問題ありません。

P.96へ

Step5 願い

叶えたい願いを神代文字で書く

叶えたい願いや神様の名前を、阿比留文字や阿比留草文字で書きます（右から左に向かって書く）。願い事は一つだけ書いても良いですが、複数書くのがおすすめ。「重ねる」ことでさらにパワーが強力になります。

P.98、第3章へ

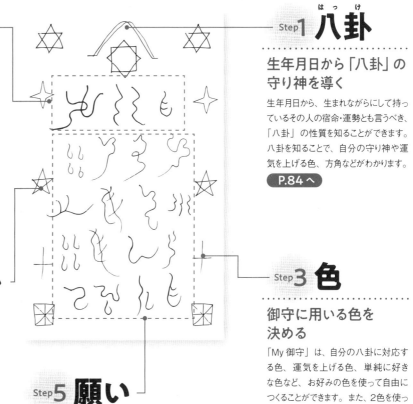

Step 1

八卦

生年月日から「八卦」の守り神を導く

生年月日から割り出す「八卦」より、持って生まれた自身の運命と性質を導き出すことができます。そこからあなたを守ってくださる神様がわかったら、その力をお借りしましょう。

易で読み解く8種類のエネルギー

「八卦《はっけ》」とは、東洋占術である「易《えき》」を構成する要素で、宇宙の森羅万象から8種類のエネルギーを割り出したもの。易は古代中国から積み上げられた運の法則を体系化した占術であると同時に、幸せになるための行動哲学とも言える学問です。

私は易との出合いによって、大きく運命を切り拓かれてきました。**目に映るすべてのものが輝いて見えるような心境になり、直感が研ぎ澄まされた状態を「自在境」と呼びますが、易を極めると、まさにそのような境地に立てる**のです。

生年月日から八卦を導き出すことで、自分にエネルギーを供給してくれる色やシンボルがわかりますから、ぜひそれを御守に書き記してみましょう。**八卦のパワーを味方にすることで、やがてあなたは自在境へと導かれていく**はずです。

八卦を導く

生まれた年の干支に対応する数字に、生まれた月、日を足し、その合計を8で割って出たあまりの数が、あなたにとっての「八卦」の数字です。計算してみましょう。

子=1、丑=2、寅=3、卯=4、辰=5、巳=6、
午=7、未=8、申=9、酉=10、戌=11、亥=12

□（干支）＋□（月）＋□（日）＝□÷8＝□ あまり □（八卦）

例）1985年7月22日生まれの場合（1985年は丑年）

2（丑）＋7＋22＝31÷8＝3 あまり 7 ＜ 八卦は「7」

※あまりが0になる人の八卦は、「8」になります。

八卦の基本性質と強運を呼ぶもの

1～8の八卦の基本性質や人間像をご紹介します。
力を強めてくれるものについても記していますから、ぜひ取り入れてみてください。

1 乾（けん） ☰

人に頼らず、何事も自分で率先して実行しようとする性質。積極性や指導力を持っているが、選り好みが強く、やがて孤独になったり、独裁者になったりする場合も多い。経営者や政治家、芸能人、プロデューサーなどが向いている。

特徴　リーダーシップ

自然	天	色	グレー
形	円形	方角	北西
その他	宇宙、景勝地、高所、果物		

2 兌（だ） ☱

快活であり、コミュニケーション能力が高い性質。天真爛漫で雄弁であるが、その反面で言葉が過ぎることがあるので、要注意。プレゼンテーションや営業で口才《こうざい》を発揮できるので、営業職や広報、司会者、教師などが向いている。

特徴　コミュニケーション

自然	沢（湖）	色	白と金
形	三日月	方角	西
その他	水辺、谷、宝石、花、白身魚		

3 離（り） ☲

熱意や激しさを持ち、おしゃれに力を入れるなど、表面を着飾ろうとする傾向にある。裏がなく情熱的な一面がある一方で、感情的になりやすいという面も。情に流されやすい。自分も他者も感情が良くなることを考えるタイプ。デザイナー、作家などに向いている。

特徴　熱意

自然	火	色	赤
形	三角形	方角	南
その他	乾燥地、火山地帯、映画、赤ワイン		

4 震（しん） ☳

人間関係を最も優先する思考の持ち主。協和的で協調性に優れているが、「寄らば大樹の陰」で、他動的・受動的になる傾向が強い。常に人に囲まれていると運気が良くなるので、大企業の社員、イベント企画など賑やかさのある仕事に就くと良い。

特徴　人間関係

自然	木	色	青と緑
形	長方形、円柱	方角	東
その他	賑やかな場所、音楽、青物野菜		

6 坎（かん） ☵

何事も深く追求して掘り下げ、突き詰めていくタイプ。集中力があり、賢者的である半面、オタク（閉鎖的）になり、社交性を失う場合もあるので、要注意。空気を読み、相手をわかろうとする努力が必要。職人や達人、ゲームプログラマー、研究者、専門家などに就くと良い。

特徴 集中

自然	水	色	黒
形	割れ目、穴	方角	北
その他	川、滝、洞窟、凹型のもの、黒い食べ物		

5 巽（そん） ☴

抑圧や混乱から解放され、自由になろうとする性質。伝統や規則にこだわらず、斬新なことをする一方で、無責任な面もある。旅に出ること、動くことが好きなので、乗り物に関わる仕事に向いている。ただし、自由の履き違えには細心の注意を。

特徴 自由

自然	風	色	紫
形	波打つ形	方角	南東
その他	草原、花園、自転車、麺類		

8 坤（こん） ☷

寛大で和やか、受容力がある性質。包容力があり、安定感がある一方で、八方美人的にさまざまなものを受け入れてしまうので、内部で混乱や矛盾が生じやすい。カウンセラー、薬剤師、パティシエ、農業、旅館業などに就くのがおすすめ。

特徴 受容

自然	地	色	オレンジとピンク
形	正方形	方角	南西
その他	田園、平地、陶器、米、パン、にんじん		

7 艮（ごん） ☶

積み上げたり、伝統的なものを踏襲したり、歴史的なことを調べたりすることを好む性質。持続性、計画性、忍耐力を持ち合わせている半面、頑固者であることが多い。伝統芸継承者、歴史研究家、学芸員、考古学者などが向いている。

特徴 継続、続行

自然	山	色	藍
形	凸	方角	北東
その他	山、丘陵、神社、シソ、ナスの漬物		

Step 2-1

名前

自分の名前の運勢を見る

名前の字画から、個人の運勢（吉凶）を見ることができます。名前は運命そのもの。もしあなたの画数が凶であれば、神代文字の力でフォローすることができます。

複数の名前を使い分けて強運をつかむ

名前はその人自身を表すと同時に、運命を司るものです。古い時代においては、人から呪詛《じゅそ》をかけられないよう、なるべく本名を隠匿するようにしたり、あるいは子どもが元服して大人になると名前を変えたりといったことも多くありました。

人からの邪念・悪念を交わすという目的以外にも、名前をうまく使い分けることで、強運をつかむことが可能になります。改名してからブレイクを果たした芸能人や著名人の方も多くいますよね。まさに**名前は運命そのもの**なのです。

もし、今の名前で何となく運気の行き詰まりを感じているようであれば、個人的に名前を使い分けるのがおすすめです。仕事とプライベートで違う名前を用いるのも良いでしょう。そういったことに抵抗を感じてしまう場合は、ＳＮＳや趣味の場などで、ハンドルネームやペンネームを用いるというのでも、効果は十分にあります。

ここで一つ注意点を挙げるならば、名字は親や先祖からもらったものなので、なるべく変えないほうが良いということ。ご先祖様を大切に思うことにつながり、サポートを得やすくなるからです。ファーストネームを変えるほうが、ご加護は受けやすくなると言えます。

画数の見方

本書では、画数を吉凶表と照らし合わせて見ることで、ご自身の運命を導けるようにしています。例えば流派によっては、「さんずい」を「水」とみて4画に数えるなどの考え方などがありますが、本書では今の時代に使われている常用漢字の字画（漢和辞典などに載っている字画）で数えれば良いものとしています。

字画を見る

姓名の画数から、字画が持つ運勢を見ることができます。出た数字をP.90～92の「数字吉凶表」と照らしわせることで、「吉」「中」「吉凶」「凶」の運勢を導きます。

手順

1. 姓名それぞれの文字の画数を数える
2. 天格、人格、地格、総格、外格を計算する
3. 計算によって出た数の運勢をP.90～92の「数字吉凶表」から導く

2字姓や2字名の場合

- 文　4　凶
- 芸　7　吉
- 春　9　凶
- 乃　2　凶

天格　名字（姓）の画数をすべて足した数　11　吉

人格　名字（姓）の一番下と、名前（名）の一番上を足した数　16　吉

地格　名前（名）の画数をすべて足した数　11　吉

外格　総格から人格を引いた数　6　吉

総格　姓と名の画数をすべて足した数　22　凶

Point

画数を数える時は、普段使っている文字で数える

例）旧字を使用している時は、旧字　真→眞
　　新字を使用している時は、新字　籐→藤

字画を数えてみよう

右記を参照しながら、自分の姓名の字画を数えます。そのうえで、自分の名前に「吉凶」か「凶」の運勢を持つ字画があるか調べてみましょう。

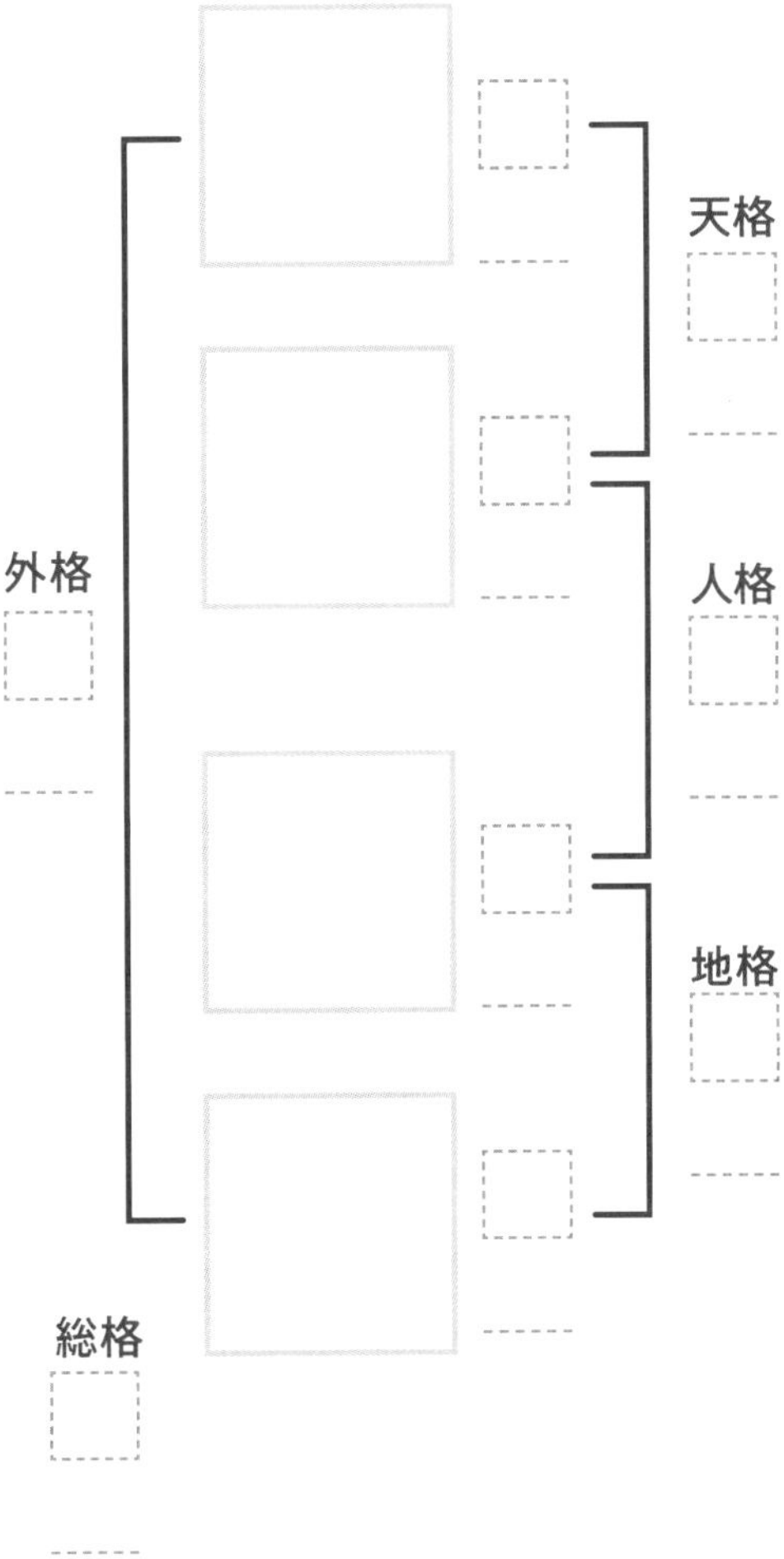

1字姓や1字名の場合

※1字姓や1字名の場合、霊数「1」を使用します。

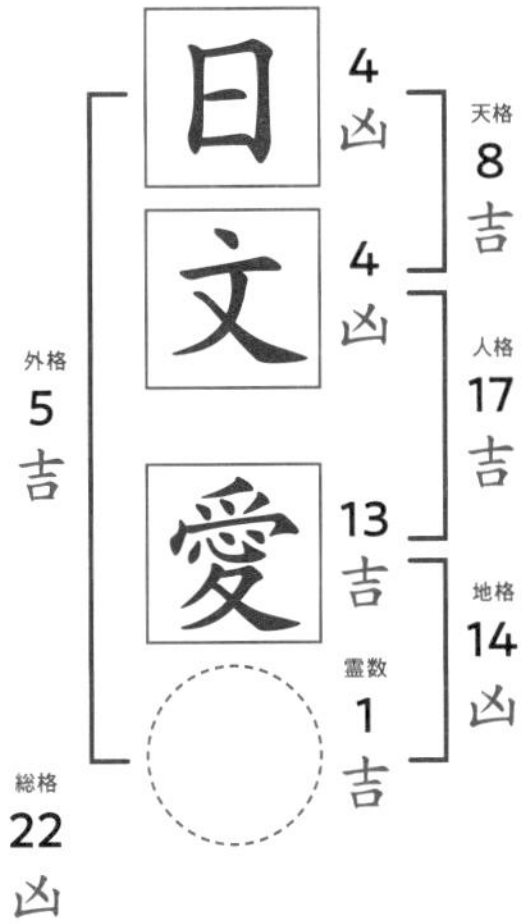

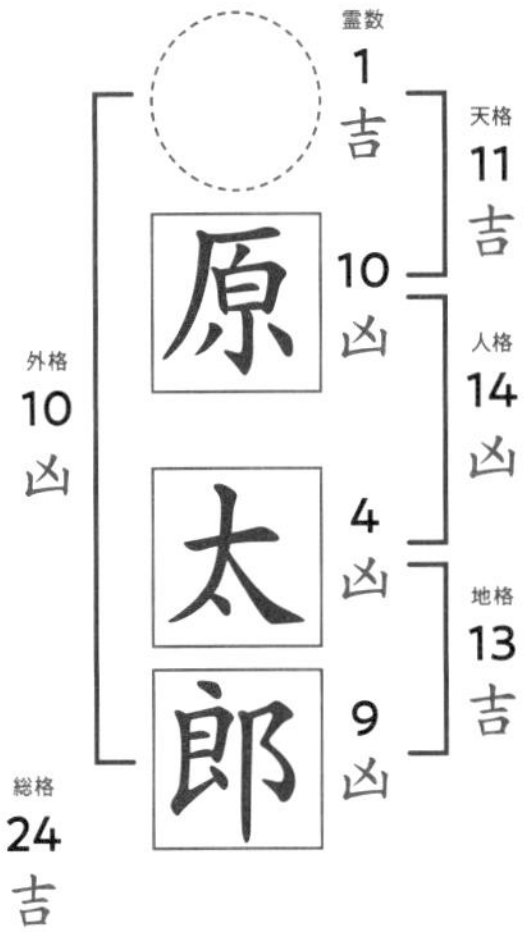

3字姓や3字名の場合

※天格、地格は、姓、名それぞれの合計画数になります。

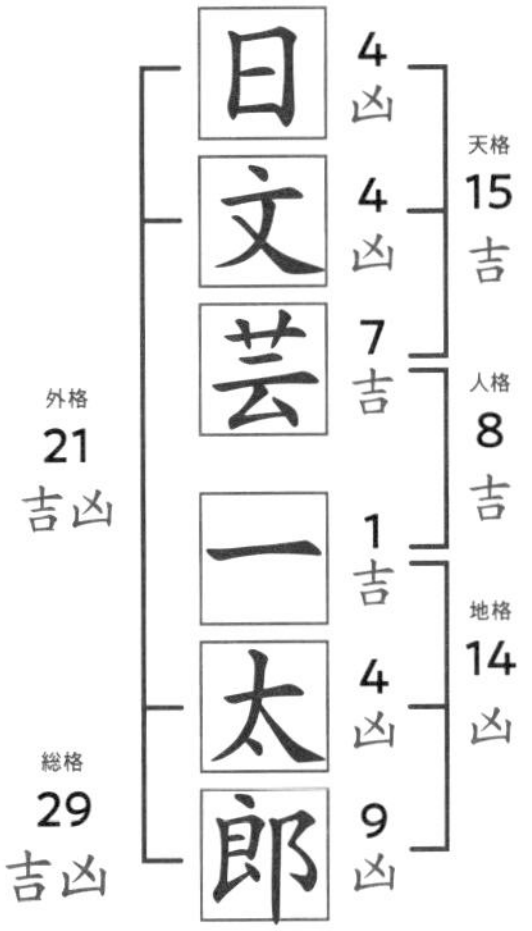

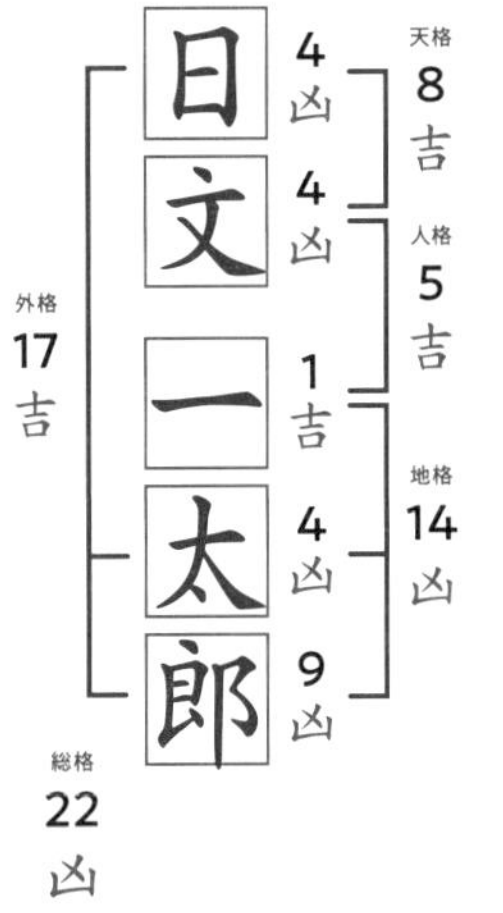

数字吉凶表

各画数が持つ運勢が、「吉」「中」「吉凶」「凶」の4段階で記されていますので、自分の名前に当てはまるものを探してみましょう。

1	吉	最高の吉。何をやっても成功し、人からも認められる幸福な運命
2	凶	気力が湧き起こらず、消極的になりがち。何かと障害が多く、不安に駆られる
3	吉	明るく朗らかに過ごせる。知識力を発揮し、名誉や財運に恵まれる
4	凶	次々と困難な事態が起こるので、覚悟が必要。病気にも注意すること
5	吉	気力、体力が充実し、何事も成功する。人から尊敬を集める
6	吉	人間性が高まる。やや運が衰退する兆しが見られるが、家運は隆盛する
7	吉	独立独歩の精神で吉。ただし、自信過剰に陥ると失敗することもある
8	吉	気力が充実し、自信にあふれた行動で困難な目標を達成、成功する
9	凶	病気や災難が立て続けに起こり、人間関係でも孤立しがちになる
10	凶	努力をしてもなかなか報われず、苦難が多い。何かが終わる暗示あり
11	吉	これまでの地道な努力が結実する。徐々に成果が現れ始める
12	凶	何事も思っていた通りにならないので、気苦労が絶えない日々が続く
13	吉	頭が冴えて、世に認められる。また、活気に満ち、金運にも恵まれる
14	凶	良いことと悪いことが交互に起こる。家族と離れ、貧窮にあえぐ可能性も
15	吉	人から信頼され、助けてくれる人に恵まれるので、事がうまく運ぶ
16	吉	温かい心が障害や障壁を取り除き、着実に希望が叶えられていく
17	吉	勇気と断固とした意志によって強い行動力が生まれ、成功に導かれる
18	吉	強い意志力と、広く優しい心が認められ、味方に恵まれる
19	凶	突然、予期せぬ事故が起こりやすい。孤立しやすく、障害も多い
20	凶	病気や事故などの災難に遭いやすく、失敗も多くなりがち
21	吉凶	男性は人の上に立って尊敬を集めるが、女性は大切な伴侶を失う可能性が
22	凶	仕事は途中で失敗する。また、夫婦間（恋人間）でいざこざが起こる
23	吉凶	男性は人の上に立って大成功を修める。女性は大切な伴侶を失う可能性が
24	吉	謙虚に振る舞うことによって、名誉と財産を得る。子どもに恵まれる
25	吉	正直を貫いて実力を発揮する。ただし、謙虚に振る舞うことが条件
26	凶	極端に良いか、悪いかのどちらか。愛情面と家族面で不安定になる
27	凶	己を貫くと、支持を得られず、人間関係につまずいて失敗する可能性が高まる

※古伝の81の吉凶表をもとに作成しています。

28
凶
一時的に幸運が訪れても、長続きせず、不安定で苦労が絶えない

29
吉凶
男性は人の上に立って精力的に活動する。女性は大切な伴侶を失う可能性が

30
中
賭け事に心を奪われる。運気は不安定で、損にも得にもならない

31
吉
人から信頼され、大きな目標を達成できる。財産を築き、安定する

32
吉
これまでの人徳が認められ、目上の引き立てを得て、成功する

33
吉凶
謙虚に振る舞うことによって、大躍進する。女性は大切な伴侶を失う可能性が

34
凶
一見順調に見えても、あとひと息のところで失敗しそう。孤立に注意

35
吉
力のある者のアドバイスを得て成功する。特に女性は万事うまくいく

36
凶
人の頼みを安請け合いすると、結局相手に裏切られて大損する

37
吉
着実に努力を積み重ねた結果が出る。人から信頼されて成功する

38
吉
自分の能力を超えない範囲で行動すれば、何事もうまくいく

39
吉凶
気苦労が絶えないが、最後に成功する。女性は大切な伴侶を失う可能性が

40
凶
いくら知恵を巡らせても、人徳の不足でなかなか成果が得られない

41
吉
高い人徳が認められ、大きな目標を成し遂げる。名誉や財産を得る

42
中
人付き合いはうまくいくが、成果に結びつかず、身も心も疲れ果てる

43
凶
時勢に乗り遅れて失敗し、これまで築き上げた財産や名誉を失う

44
凶
自分の能力を過信しすぎて、支持を得られず失敗し、すべてを失うことも

45
吉
苦労が多く、一筋縄ではいかないが、大きな目標を達成することができる

46
凶
好調と不調を繰り返し、気力・体力ともに息切れする。病気に注意

47
吉
これまでの努力が報われ、大きな成果を得る。その成功は長く続く

48
吉
知識と人徳の両方が認められ、大きな成功を収める。さまざまな任に就く

49
凶
運が向いてきたと思ってもすぐに下降し、何事もうまくいかない

50
凶
何をやってもなかなか成果が上がらず、思い通りに進まないことが多い

51
中
青年期は特に問題ないが、中年期以降はさまざまなものが不安定になる

52
吉
活発に動くことによって、先を見通すことができ、大きな目標を達成する

53
凶
特に中年期以降は、他人からわからないところで多くのことに苦労する

54
凶
人に騙され、孤立して財産・名誉などのすべてを失う恐れあり

55 中
好調に進む時もあるが、そのうち停滞し、なかなか思い通りに進まない

56 凶
保守的な行動が災いして支持を失い、徐々に運気が低下していく

57 吉
途中で失敗や苦労もあるが、最終的には克服して成功をつかむ

58 中
上昇と下降を繰り返すが、徐々に安定して落ち着くところに落ち着く

59 凶
何事に対しても我慢が足りず、また決断ができないまま苦労する

60 凶
何をやってもうまくいかない。最後まで報われず、苦労が絶えない

61 吉
これまでの努力が報われ、大きな成功を収める。名誉も財産も得る

62 凶
目標を達成することなく、途中で挫折する。身も心も消耗が大きい

63 吉
望んでいたことが見事に叶い、何事も安定する。子どもに恵まれる

64 凶
運気が乱高下するが、予期できない災難や病気に襲われる可能性あり

65 吉
何事もなく安定し、健康、金運、家族運もすべて順調に恵まれる

66 凶
悩みが絶えず、病気や災難に遭いやすい。何をやっても失敗する

67 吉
目上の人からの援助を受けることで、見事目標を達成し、成功をつかむ

68 吉
強い意志力と鋭い頭脳によって、普段の努力が結実し、名誉と財産を得る

69 凶
無理難題が次々と立ちはだかり、何をやってもうまくいかない

70 凶
人間関係が険悪になり、世の中から無視されたように感じ、気持ちが落ち込む

71 中
消極的で気力が乏しくなりがちだが、精一杯努力をすれば、道は拓ける

72 凶
人から羨ましがられるが、内実は苦労が絶えず、最後に失敗する

73 中
保守的で大きな進展はないが、普段の人徳によって最後に安定する

74 凶
怠惰で自分勝手な行動が目立ち、周囲から無視されてしまい苦労が絶えない

75 中
新しいことに手を出すと、障害が絶えない。保守的に動けば平穏無事でいられる

76 凶
家族と別離する運気。病気になりやすく、何事もうまくいかない

77 中
次々と援助者が現れるが、徐々に滞り、最後に行き詰まる結果となる

78 中
運気が不安定で、優れた知性が活かされず、中年期は行き詰まることが多い

79 凶
消極的で心が落ち着かず、人の援助もなく、望んだ成果を得にくい

80 凶
最初から最後まで障害が絶えず、病気や災難が次々と襲ってくる場合も

81 吉
「1」と同じで何をやっても成功し、名誉も財産も思うままになりやすい

Step 2-2
名前

凶の字画の文字を神代文字に変換する

名前の画数を「数字吉凶表」で照らし合わせてみた結果、運勢がよくない箇所があった場合、その字を神代文字で書くことで、運勢を好転させることができます。

神代文字の力で良き運命をつくる

88ページの例の通り、各文字の画数、名字（姓）だけの画数【天格】、名前（名）だけの画数【地格】、名字の一番下と名前の一番上の文字の画数の合計【人格】、名字と名前の合計数【総格】、総格から人格を引いた画数【外格】を割り出し、それぞれを90〜92ページの「数字吉凶表」と照らし合わせた結果はいかがだったでしょうか。

「吉」「中」であればそのまま御守に右から左に向かって名前を書きましょう。**「吉凶」「凶」の場合は、その字の音を神代文字で書けば、霊的な力によって悪い運気をフォローし、好転させる効果が生まれます。**

用いる神代文字は、阿比留文字でも阿比留草文字でもかまいませんが、より強いパワーのある阿比留文字を使うと、霊力をさらに高めてくれます。

吉凶と凶の文字を神代文字にする

姓名のなかでも「名」の字画のうち、P.90〜92の「数字吉凶表」によって、「吉凶」「凶」となった文字を神代文字に変換することで、運勢を良くします。

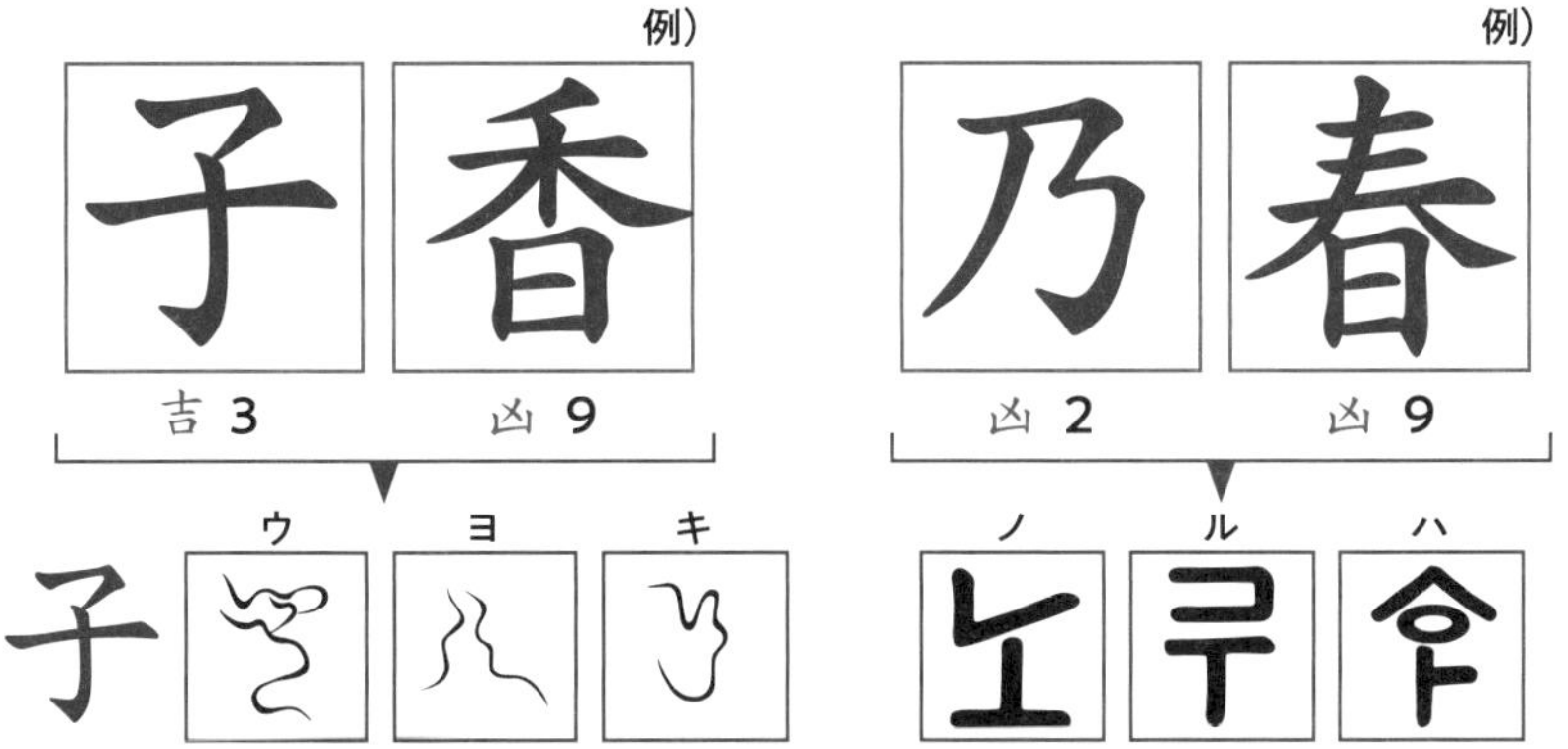

名のどちらかの画数が「凶」か「吉凶」の場合は、悪いほうを神代文字に変えると良いでしょう。

名のどちらも「凶」か「吉凶」の場合は、すべて神代文字に変えると良いでしょう。

Step 3

色

御守に用いる色を決める

情熱的な赤、高貴な紫、優しく多幸感のあるピンク……色にはそれぞれ、エネルギーが宿ります。叶えたい願いや実現したいことに合わせて色を選び、そのパワーを取り入れてください。

色の力で運命を後押しする

色の違いはエネルギーの違いそのものです。すでにご紹介した通り、84ページのStep1で算出した八卦にはそれぞれ特徴に応じた色があります。自分の八卦に合わせた色を用いることで、自身のエネルギーを高めることができます。また、**あなたが叶えたいことに応じた色を用いることで、運命が大きく後押しされる**はずです。

左のページに、それぞれの色ごとに期待できる効果を簡潔にまとめていますので、ぜひ神代文字を書く時の参考にしてください。

さらに、霊的な世界にアプローチしやすくなる色についても補足しておきましょう。

「黒」は潜在意識や霊的世界に祈りを届ける時に良い色、「藍」は書いた願いが先祖に届きやすくなる色、「グレー」は宇宙と共鳴しやすくなる色です。一方、「青」「薄い青」「緑」は、集合無意識にコンタクトしやすくなり、特に人間関係に好影響を与えることができるでしょう。

易はエネルギーを感じる思想

色のエネルギーのお話をしましたが、**易とは、エネルギーを感じる思想**と言えます。8つに分けられたエネルギーがどのような割合で融合しているのか、重なり合っているのかということを紐解く宇宙観が、易のベースにある考え方です。宇宙を巡るエネルギーの法則を読み解くとともに、そこにどう私たちが関わっているかを解いていくものなのです。

だからこそ、易の思想を取り入れ、八卦の力を自分のなかに宿すことは、広大な宇宙と自身とを一体化させ、自分を解き放つことにつながっていくのです。

色によって効果は異なる

それぞれの色は特有のエネルギーを宿しており、言うなれば「得意分野」を持ちます。
ぜひ、叶えたい願いに合わせて色を選び、恩恵を受けましょう。

色	効果を発揮する願い
赤	熱意を込めたい、瞬発力を高めたい
青、緑	心身を落ち着かせたい、人間関係をよくしたい
オレンジ、ピンク	さまざまなものを受けとりたい
紫	自由を求めたい
藍	物事を継続させたい
黒	物事に集中したい
グレー	リーダーシップを発揮したい
白、金	金運を上げたい、コミュニケーションを円滑にしたい

さらにパワーを高めるには2色で書く

御守は1色で書いても十分に効果がありますが、2色で書くと「結び」が生まれ、
さらに呪力が強まります。易の六十四卦をもとにした効果を下記にまとめます。

上部に使う色	下部に使う色	効果を発揮する願い
赤	藍	予期せぬ男女の出会いを求めたい
赤	オレンジ、ピンク	チームワークによって大きな目標を達成したい
青、緑	白、金	人やものに恵まれたい
オレンジ、ピンク	赤	大きな力に守られ、多くの望みを叶えたい
紫	赤	運気を上昇させ、勝利をつかみたい
紫	黒	苦しさを脱し、幸運を手にしたい
紫	オレンジ、ピンク	豊かさを手に入れたい
藍	オレンジ、ピンク	家庭円満。家族愛に恵まれたい
藍	紫	財産を増やすとともに、内面も豊かにしたい
藍	赤	障害を乗り越え、目標を達成したい
黒	藍	苦しみや困難から解放されたい
黒	赤	チャンスをものにし、成功したい
グレー	紫	心身ともに豊かになりたい
白、金	紫	運気を好転させ、回復させたい
白、金	赤	平和と安定を手にしたい

Step 4

シンボル

パワーのあるシンボルを御守にあしらう

シンボルと呪術は、切っても切り離せないもの。その形状自体に意味があるシンボルは、強烈な霊力を放ち、宇宙の恵みを書き手にもたらしてくれます。

シンボルに込められた意味

丸、四角、星、クロス……普段、何気なく見かける図形やマークなどのシンボル（象徴）には、さまざまな意味が込められています。

例えば「丸」は、宇宙および太陽そのものの象徴。丸を書くだけでそこに宇宙が宿るとされており、心を宇宙につなげて強く響かせ、影響を与えるという役割を担います。

日本ではテストの採点でも、正解していたら丸をつけますね。喜ばしい時やおめでたい時には丸を使うものだということは、無意識のレベルで私たちが感じていることなのです。

広く世界を受け入れ、自身を解放していこうとする「丸」とは反対に、「クロス」つまり「十字」は悪いものを止めようとする拒絶の印です。幼い頃、「バリア」と言いながら腕をバッテンにして行ったバリアを張る遊びも、非常に理にかなっていたわけです。

シンボルは宇宙の共通言語

シンボルとは、心の奥底にあるものを象徴したもの。潜在意識の深くにある本質を形として表したものだと言えます。

だからこそ世界各国の国旗で、星の形が数多く用いられるなど、そこには**時代や場所を超越した普遍性、共通性**が見られます。「宇宙の共通言語」とも言えるシンボルで構成されているのが、この世界なのです。

「My御守」にて97ページで紹介するようなシンボルを上手に用いることは、集合無意識へとアクセスするための鍵となります。神々しい世界へとあなたを誘い、願望成就へと導いてくれることでしょう。

書くことでパワーが強まるシンボル

シンボルは集合無意識へとアクセスするための架け橋となるもの。ピンときたものを御守に用いたり、よく目にするところに書いたりして、願望成就を強力に後押ししてもらいましょう。

引き寄せ力が強い
「正八芒星《せいはちぼうせい》」

最強の引き寄せシンボル。もの、知恵、情報などを集結させる力が群を抜いています。

霊能者に愛される
「七芒星《しちぼうせい》」

熟達した霊能力者たちが密かに使うと言われるシンボル。不可能を可能に変えます。

宇宙とつながれる
「六芒星《ろくぼうせい》」

宇宙と地球の力を合わせる力を持つシンボル。宇宙からのサポートが期待できます。

陰陽師も使った
「五芒星《ごぼうせい》」

安倍晴明も使用。5つの精霊の力を終結させたもので、体の御守として最適。

知性と霊性を宿す
「四芒星《よんぼうせい》」

シリウスのシンボル。先祖や神様の力を降ろし、悪いものから自分をブロックします。

悪縁を遠ざける
「十字《じゅうじ》(クロス)」

世界共通のパワーシンボル。線が交差するところに福が宿るとされています。

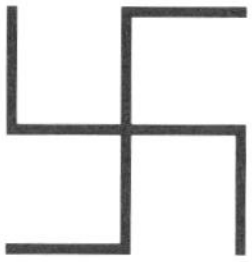

力を表す
「逆万字《ぎゃくまんじ》」

力そのもの。自発的に勇ましくエナジーを出していく、「放出」のシンボル。

愛を表す
「正万字《せいまんじ》」

愛の力を表します。力むのではなく力を抜いて愛を受け入れる、「受容」のシンボル。

地球を表す
「三《み》つ巴《どもえ》」

精霊・神・物質という三世界の合体形である地球そのもの。ご加護がもたらされます。

すべてを超越する
「陰陽《いんよう》・太極《たいきょく》」

ポジティブとネガティブ、すべてを超越した究極の和合をもたらしてくれます。

女性力を高める
「ひし形」

悪質なものを退けます。また雛祭りのひし餅のように、特に女性の運気アップに。

強い引力を持つ
「八芒星《はちぼうせい》」

引き寄せ力に期待大。絵やデザインのなかに紛れさせると、効果が強まります。

力を呼ぶ
「逆天津叶木万字《ぎゃくあまつかなきまんじ》」

こちらも同じく「宇宙の十字架」であり、力を放出していくシンボルです。

愛を呼ぶ
「天津叶木万字《あまつかなきまんじ》」

いわゆる「宇宙の十字架」。非常に強力なシンボルで、愛に恵まれるでしょう。

運命を変える
「命形《いのちがた》」

大地と宇宙のパワーの合体形。書けば、瞬時に運命が良きものに転換します。

多くの力が集う
「まち形《がた》」

阿比留文字のもととなったと言われ、すべての文字の力がこのシンボルに結集。

愛も力も手にする
「田の字」

神代文字の原形。二つの万字の合体であり、愛も力も手に入れることが可能に。

呪力が集中する
「渦巻《うずまき》・螺旋《らせん》」

唐草模様などに用いられるシンボル。ここに聖なる力を集中させることができます。

Step 5

願い

叶えたい願いを神代文字で書く

最後のステップは、叶えたい願いは何かを明確に書き、神様に届けること。望めば願いは叶います。あなたのなかにある宇宙のしずくを信じてください。

願いを叶えるための文字を書く

あなたの大切な願いを叶えるための文字をしたためるのが、この「My御守」のラストステップです。自分が何を望むのかをはっきりと神様に示し、明確な意思表示をしましょう。

「自分の願いを書く」「効果的な祝詞を書く」「力をお借りしたい神様の名前を書く」の3パターンありますが、どれを採用してもかまいませんし、すべてを書いてももちろん良いでしょう。その時のあなたの直感に従い、一番しっくりくる方法を選んでください。

運命はあなた自身がつくるもの

「運命」は「命《めい》を運ぶ」と書きます。運命は宿命や業と違って、いくらでも自分でコントロールできるということです。

決めつけられたものを突破していくための、自由自在の神の欠片《かけら》が私たちのなかには宿っています。神代文字はその力を大きく開花させる助けとなってくれます。

生きていれば、さまざまなことがあるでしょう。明るい未来が思い描けない時も、何かに絶望を感じる時もあるでしょう。

どのような状況にあったとしても、自分のなかに絶対的な力が宿っていることをまっすぐに信じながら、この神々しい文字たちと向き合ってみてください。神秘の力があなたの味方をしてくれるはずです。

私たちは宇宙の光明体です。だからこそ今この瞬間から、運命を変えることができるのです。

ぜひ、本書を通じてあなた自身が神の力を最大限に享受する「呪術師」になってみようではありませんか。

CASE 1 自分の願い事を神代文字で書く

「My 御守」に自分の願い事を阿比留文字や阿比留草文字で書きます。その際は、右から左に読めるように書きましょう。願い事は、「〜したい」という願望形ではなく、「〜する」「〜した」という断定形や完了形で書くのがポイント。絶対的な信念を持って書くこと、あるいはすでに叶った状態を先取りすることで、宇宙からのサポートを得やすくなります。

例）試験に受かる

シケムアニ　ウカル

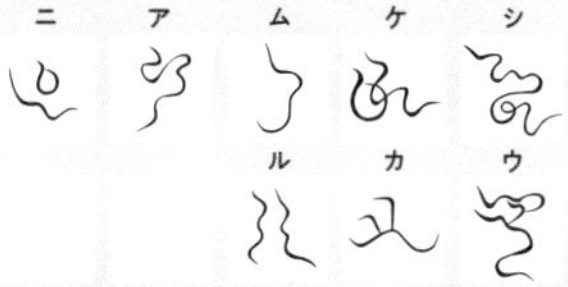

CASE 2 叶えたい願いの祝詞を神代文字で書く

第3章で紹介した祝詞を「My 御守」に神代文字で書いて、神様からのご加護を受けましょう。その際も、右から左に読めるように書くのがポイントです。阿比留文字、阿比留草文字、どちらで書いても良いですが、祝詞は阿比留草文字で書くほうがパワーが高まるとされています。特に人の目に触れそうな場所に書きたい場合は、阿比留草文字で書くと良いでしょう。

例）素晴らしいシンクロニシティを起こす

アメツチイヤサカ　ミナ　サチ　ハエマセ

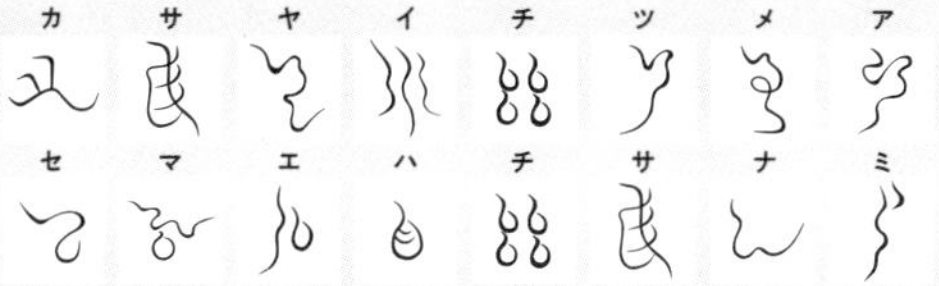

CASE 3 力をお借りしたい神様の名前を神代文字で書く

祝詞や願い事のほか、願望成就のサポートをしてくれる神様（守護神）や、職業によって力を貸してくれる神様の名前を書いても、同じ効果を期待することができます（守護神は P.100〜106で紹介しています）。神様の名前を書く時も、ルールは文字や祝詞を書く時と同じです（P.38、P.52）。また、神様の名前も右から左に読めるように書きましょう。

例）夫婦の神→イザナギノミコト

イサナキノミコト

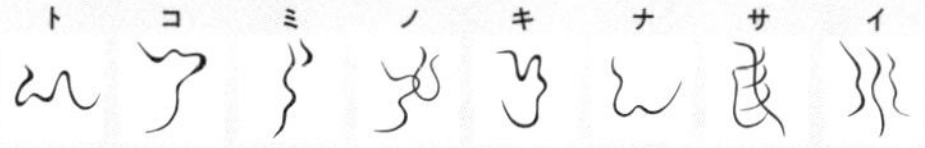

願い・悩み別　守護神一覧

ここでは、私たちに力を貸してくださる神様を紹介します。神様によって、司る分野はさまざま。自分の願いや悩みに合う守護神を見つけ、「Ｍｙ御守」に書いてみましょう。

開運

「開運の神」
▼**大國主神**（オオクニヌシノカミ）
▼**事代主神**（コトシロヌシノカミ）
▼**大宮能賣神**（オオミヤノメノカミ）

「家内安全祈願の神」
▼**天照大御神**（アマテラスオオミカミ）
▼**大宮能賣神**（オオミヤノメノカミ）
▼**大己貴神**（オオナムチノカミ）

「商売繁盛の神」
▼**大宮能賣神**（オオミヤノメノカミ）

厄除け・魔除け

「祓い除けの神」
▼**神直毘神**（カムナオビノカミ）

「邪気祓いの神」
▼**伊弉諾尊**（イザナギノミコト）
▼**速素戔嗚神**（ハヤスサノオノカミ）

「悪事災難悪魔祓いの神」
▼**神直毘命**（カムナオビノミコト）

「火除けの神」
▼**火産霊神**（ホムスビノカミ）

「水難除けの神」
▼**大綿津見神**（オオワタツミノカミ）

「盗難除けの神」
▼**屋船神**（ヤブネノカミ）

宇宙の力

「宇宙根源の神」
▼**天之御中主神**（アメノミナカヌシノカミ）

結び

「結びの神」
▼**高御産巣日神**（タカミムスビノカミ）
▼**神産巣日神**（カミムスビノカミ）

自然・天気

「日の神」
▼**天照大御神**（アマテラスオオミカミ）

「雨の神」
▼**淤迦美神**（オガミノカミ）
▼**高龗神**（タカオカミノカミ）

「雷除けの神」
▼**火雷神**（ホノイカヅチノカミ）

「風の神」
▼**支那津比古神**（シナツヒコノカミ）

「土の神」
▼波邇夜須毘古神（ハニヤスビコノカミ）

「山の神」
▼大山津見神（オオヤマツミノカミ）

「海の神」
▼綿津見神（ワタツミノカミ）

「水の神」
▼彌都波能賣命（ミツハノメノカミ）

「火の神」
▼火之夜藝速男神（ヒノヤギハヤオノカミ）

「地震の神」
▼大地主神（オオトコヌシノカミ）

結婚・夫婦

「男女の神、夫婦の神」
▼伊弉諾尊（イザナギノミコト）
▼高御産巣日神（タカミムスビノカミ）
▼脚摩乳命（アシナヅチノミコト）
▼手摩乳命（テナヅチノミコト）

「結婚の神」
▼伊弉諾尊（イザナギノミコト）
▼大國主神（オオクニヌシノカミ）
▼高皇産霊神（タカミムスビノカミ）
▼天照大神（アマテラスオオカミ）

妊娠・安産

「子ども授かりの神」
▼伊弉諾尊（イザナギノミコト）
▼産土神（ウブスナノカミ）

「安産祈願の神」
▼高皇産霊神（タカミムスビノカミ）
▼神皇産霊神（カミムスビノカミ）
▼木花開耶姫神（コノハナサクヤヒメノカミ）
▼息長帯比賣命（オキナガタラシヒメノミコト）

健康長寿

「病気の神」
▼和豆良比能宇斯能神（ワヅラヒノウシノカミ）

「疫病退散の神」
▼建速須佐之男神（タケハヤスサノオノカミ）

「身体健康祈願の神」
▼神皇産霊神（カミムスビノカミ）
▼大己貴神（オオナムチノカミ）

「長寿祈願の神」
▼石長比賣神（イワナガヒメノカミ）
▼泣澤女神（ナキサワメノカミ）

「幼児健康成長祈願の神」
▼神皇産霊神（カミムスビノカミ）
▼大己貴神（オオナムチノカミ）
▼和豆良比能宇斯能神（ワヅラヒノウシノカミ）

「病魔退散・病気全快祈願の神」
▼大己貴神（オオナムチノカミ）
▼少彦名神（スクナヒコナノカミ）

「禁酒の神」
▼大己貴神（オオナムチノカミ）

家庭

「住居の神」
▼屋船久々能遲命（ヤブネククノチノミコト）
▼屋船豊宇氣姫命（ヤブネトヨウケヒメノミコト）

「水道の神」
▼彌都波能賣神（ミツハノメノカミ）

出典：『新撰 諸祭神名総覧』（山雅房）より抜粋

人間関係

「仲裁の神」
▼**八意思兼神**（ヤゴコロオモイカネノカミ）
▼**事代主神**（コトシロヌシノカミ）
▼**菊理媛命**（ククリヒメノミコト）

「縁切りの神」
▼**速玉之男神**（ハヤタマノオノカミ）
▼**泉津事解之男神**（ヨモツコトサカノオノカミ）

交通安全

「道の神」
▼**道之長乳歯神**（ミチノナガチハノカミ）
▼**道俣神**（チマタノカミ）

「旅行の神」
▼**手向神**（タムケノカミ）

「旅行安全祈願の神」
▼**道之長乳歯神**（ミチノナガチハノカミ）
▼**猿田彦神**（サルタヒコノカミ）
▼**道主貴之神**（ミチヌシノムチノカミ）

学業成就

「言霊・祝詞の神」
▼**興台産霊神**（コゴトムスビノカミ）

「入学に関する神」
▼**天之御中主神**（アメノミナカヌシノカミ）
▼**高皇産霊神**（タカミムスビノカミ）
▼**伊弉諾神**（イザナギノカミ）
▼**菅原大神**（スガワラノオオカミ）
▼**天照大神**（アマテラスオオカミ）
▼**八意思兼神**（ヤゴコロオモイカネノカミ）

スポーツ

「武芸上達の神」
▼**經津主神**（フツヌシノカミ）

「運動競技の神」
▼**天照大神**（アマテラスオオカミ）
▼**武甕槌神**（タケミカヅチノカミ）

「柔道の神」
▼**武甕槌神**（タケミカヅチノカミ）

「弓術の神」
▼**天照大神**（アマテラスオオカミ）

「馬術の神」
▼**經津主神**（フツヌシノカミ）

「水泳の神」
▼**罔象女神**（ミツハノメノカミ）

「優勝の神」
▼**國勝長勝面勝神**（クニカツナガカツオモカツノカミ）

勝負事

「勝訴祈願の神」
▼**八意思兼神**（ヤゴコロオモイカネノカミ）
▼**素戔嗚神**（スサノオノカミ）

「賭博の神」
▼**秋山之下氷壮夫**（アキヤマノシタヒオトコ）
▼**春山之霞壮夫**（ハルヤマノカスミオトコ）

「麻雀の神」
▼**稲荷大神**（イナリノオオカミ）

職業別　守護神一覧

仕事において特に力を貸してくださる神様を紹介します。ご自身の仕事、職業に合わせて、ご加護いただく神様を探してみましょう。「My御守」を持って、その神様が祀られている場所に行くのも◎。

法律・政治・外交

「議会の神」
▼**八意思兼神**（ヤゴコロオモイカネノカミ）

「制法・法律の神」
▼**天照大御神**（アマテラスオオミカミ）

「外交・海外出張の神」
▼**素戔嗚尊**（スサノオノミコト）
▼**五十猛命**（イタケルノミコト）

金融・保険

「銀行の神」
▼**天照大御神**（アマテラスオオミカミ）
▼**倉稲魂神**（ウガノミタマノカミ）
▼**金山彦神**（カナヤマヒコノカミ）

「保険業の神」
▼**天照大御神**（アマテラスオオミカミ）
▼**倉稲魂神**（ウガノミタマノカミ）
▼**大國主神**（オオクニヌシノカミ）

保健・衛生

「医薬の神」
▼**大穴牟遅神**（オオナムヂノカミ）

「外科の神」
▼**神産霊神**（カミムスビノカミ）

商業

「株式会社の神」
▼**大國主神**（オオクニヌシノカミ）
▼**事代主神**（コトシロヌシノカミ）

「商業の神」
▼**倉稲魂神**（ウガノミタマノカミ）
▼**大國主神**（オオクニヌシノカミ）
▼**事代主神**（コトシロヌシノカミ）
▼**大市姫神**（オオイチヒメノカミ）

農林水産業

「農業の神」
▼**大氣都比賣神**（オオゲツヒメノカミ）
▼**保食神**（ウケモチノカミ）

「鳥獣被害祓いの神」
▼**大己貴神**（オオナムチノカミ）
▼**久延毘古神**（クエビコノカミ）

「漁業の神」
▼**大綿津見神**（オオワタツミノカミ）
▼**保食神**（ウケモチノカミ）
▼**天宇受賣神**（アメノウズメノミコト）

「山林業の神」
▼**大山津見神**（オオヤマツミノカミ）

出典：『新撰 諸祭神名総覧』（山雅房）より抜粋

「狩猟の神」

▼**大山津見神**（オオヤマツミノカミ）

▼**保食神**（ウケモチノカミ）

「牧畜の神」

▼**保食神**（ウケモチノカミ）

工業

「鉄工所・製鉄会社の神」

▼**天目一箇神**（アメノマヒトツノカミ）

▼**石凝姥神**（イシコリドメノカミ）

「建設・土木業の神」

▼**大地主神**（オオコトヌシノカミ）

▼**埴安姫神**（ハニヤスヒメノカミ）

「金工の神」

▼**火産霊神**（ホムスビノカミ）

「大工の神」

▼**手置帆負神**（タオキホオイノカミ）

▼**彦狭知神**（ヒコサシリノカミ）

サービス・販売

「デパートの神」

▼**大市姫神**（オオイチヒメノカミ）

▼**大宮能賣神**（オオミヤノメノカミ）

▼**稲荷大神**（イナリノオオカミ）

「温泉の神」

▼**大己貴神**（オオナムチノカミ）

「湯・銭湯の神」

▼**彌都波能賣命**（ミツハノメノカミ）

「呉服屋・洋服店の神」

▼**天照大神**（アマテラスオオカミ）

「化粧品・小物店の神」

▼**天照大御神**（アマテラスオオミカミ）

「クリーニング店の神」

▼**彌都波能賣命**（ミツハノメノカミ）

▼**伊弉諾尊**（イザナギノミコト）

▼**稲荷大神**（イナリノオオカミ）

動物

「動物園の神」

▼**保食神**（ウケモチノカミ）

美容

「理髪店の神」

▼**大己貴神**（オオナムチノカミ）

▼**倉稲魂神**（ウガノミタマノカミ）

「美容院の神」

▼**天照大神**（アマテラスオオカミ）

▼**木花咲耶姫命**（コノハナサクヤヒメノミコト）

食料品・飲食店

「食料品店の神」

▼**豊受姫神**（トヨウケヒメノカミ）

▼**大國主神**（オオクニヌシノカミ）

「肉屋の神」

▼**保食神**（ウケモチノカミ）

「魚屋の神」

▼**保食神**（ウケモチノカミ）

「八百屋の神」

▼**草野姫命**（カヤヌヒメノミコト）

「豆腐屋の神」
▼**大宣都比賣神**（オオゲツヒメノカミ）
「酒屋・酒の神」
▼**大己貴神**（オオナムチノカミ）
「ビールの神」
▼**大宣都比賣神**（オオゲツヒメノカミ）
「飲食店・料理屋の神」
▼**稲荷大神**（イナリノオオカミ）
▼**産土大神**（ウブスナノオオカミ）
▼**御膳都神**（ミケツカミ）
▼**櫛八玉神**（クシヤタマノカミ）
「レストランの神」
▼**御膳都神**（ミケツカミ）
「喫茶店の神」
▼**大宮能賣神**（オオミヤノメノカミ）
「料理の神」
▼**火産霊神**（ホムスビノカミ）
▼**御食津神**（ミケツカミ）
「寿司屋の神」
▼**保食神**（ウケモチノカミ）
▼**木花開耶姫神**（コノハナサクヤヒメノカミ）
「菓子屋の神」
▼**豊受姫神**（トヨウケヒメノカミ）
▼**多遅摩毛理命**（タヂマモリノミコト）
「バーの神」
▼**酒彌豆男神**（サカミヅオノカミ）
▼**酒彌豆女神**（サカミヅメノカミ）

教育・保育

「教育の神」
▼**天之御中主神**（アメノミナカヌシノカミ）
▼**高御産巣日神**（タカミムスビノカミ）
▼**神皇産霊神**（カミムスビノカミ）
「幼稚園の神」
▼**水江浦島子**（ミヅノエノウラシマコ）
「入学に関する神」
▼**高御産巣日神**（タカミムスビノカミ）
▼**菅原大神**（スガワラノオオカミ）

学問・学術

「文学の神」
▼**八意思兼神**（ヤゴコロオモイカネノカミ）
▼**天兒屋命**（アメノコヤネノミコト）
▼**和邇吉師命**（ワニキツシノミコト）
「科学の神」
▼**天之御中主神**（アメノミナカヌシノカミ）
「数学の神」
▼**八意思兼神**（ヤゴコロオモイカネノカミ）
「文章の神」
▼**天兒屋命**（アメノコヤネノミコト）

書籍・マスコミ

「新聞・雑誌の神」
▼**天照大御神**（アマテラスオオミカミ）
▼**八意思兼神**（ヤゴコロオモイカネノカミ）
▼**久延毘古神**（クエビコノカミ）
「出版・製本業の神」
▼**天照大御神**（アマテラスオオミカミ）

▼八意思兼神（ヤゴコロオモイカネノカミ）
▼久延毘古神（クエビコノカミ）
▼事代主神（コトシロヌシノカミ）

「著書編纂祈願の神」
▼八意思兼神（ヤゴコロオモイカネノカミ）
▼久延毘古神（クエビコノカミ）
▼稗田阿禮命（ヒエダノアレノミコト）

「製紙業の神」
▼久々能智神（ククノチノカミ）

「印刷業の神」
▼天照大御神（アマテラスオオミカミ）
▼八意思兼神（ヤゴコロオモイカネノカミ）
▼金山毘古神（カナヤマビコノカミ）

「書店・文具店の神」
▼久延毘古神（クエビコノカミ）
▼八意思兼神（ヤゴコロオモイカネノカミ）
▼事代主神（コトシロヌシノカミ）

「図書館の神」
▼久延毘古神（クエビコノカミ）
▼稗田阿禮命（ヒエダノアレノミコト）

交通・通信

「電車の神」
▼道之長乳歯神（ミチノナガチハノカミ）
▼鳥之石楠船神（トリノイワクスブネノカミ）

「自動車の神」
▼天鳥船神（アメノトリフネノカミ）

「飛行機の神」
▼天照大神（アマテラスオオカミ）
▼櫛玉饒速日命（クシタマニギハヤヒノミコト）

「船の神」
▼鳥之石楠船神（トリノイワクスブネノカミ）

「航海守護の神」
▼住吉大神（スミヨシノオオカミ）

「郵便の神」
▼天照大神（アマテラスオオカミ）

「通信の神」
▼天照大神（アマテラスオオカミ）

工芸・技芸

「陶器業の神」
▼埴安彦神（ハニヤスビコノカミ）

「焼き物の神」
▼野見宿禰命（ヌミノスクネノミコト）

「漆器の神」
▼三見宿禰（ミツミノスクネ）

「生花《いけばな》の神」
▼草野姫神（カヤヌヒメノカミ）
▼木花咲耶姫神（コノハナサクヤヒメノカミ）

音楽・演芸・娯楽

「音楽の神」
▼天鈿女命（アメノウズメノミコト）

「俳優・舞踊・ダンスの神」
▼天鈿女命（アメノウズメノミコト）
▼火闌降命（ホスセリノミコト）

「劇場・映画館の神」
▼屋船神（ヤブネノカミ）
▼天鈿女命（アメノウズメノミコト）
▼火闌降命（ホスセリノミコト）
▼稲荷大神（イナリオオカミ）

参考文献

◆秋山眞人著／布施泰和協力『強運が来る 兆しの法則』（河出書房新社）
◆秋山眞人著／布施泰和協力『《偶然》の魔力 シンクロニシティで望みは叶う』（河出書房新社）
◆秋山眞人著／布施泰和協力『日本の呪術大全』（河出書房新社）
◆秋山眞人著／今 雅人協力『怖いほど願いがかなう 音と声の呪力』（河出書房新社）
◆秋山眞人著／布施泰和協力『しきたりに込められた日本人の呪力』（河出書房新社）
◆秋山眞人著／布施泰和協力『日本のオカルト 150 年史』（河出書房新社）
◆岩崎長世著『神代文字ハンドブック 阿比留文字で奇跡を起こせ！ 神字彙 増補版』（秘密出版局）
◆佐治芳彦著『謎の神代文字』（徳間書房）
◆佐藤三郎著『新撰 諸祭神名総覧（復刻版）』（山雅房）
◆竹田日恵＋文学考古会著『［竹内文書］世界史の超革命』（徳間書店）
◆原田 実著『図説 神代文字入門』（ビイング・ネット・プレス）

神代文字の不思議な力が人類をさらなる進化に導く

神代文字の力を体感していただけたでしょうか。

身震いするほど強い霊力のある文字たちが、奇跡を起こし、あなたを望む世界へと誘ってくれることでしょう。

私は「神代文字が、今、この時代に何をもたらすのか」に強い関心を持っています。

霊長類のうち、同じヒト科に属するゴリラとチンパンジーは、まったく正反対の暮らし方をしています。

ゴリラは、家族中心の小さな集団で暮らし、チンパンジーは群れ単位で大きな社会生活を営んでいます。大きな集団で生活するチンパンジーは、体格に反して脳を大きく発達させましたが、一方の小集団で暮らすゴリラは巨大な体格を持つのに、脳はさほど大きくありません。その違いは集団の大きさによって生まれたものなのです。

では、ヒトはどうかというと、家族の暮らしを営みながら、大きな社会集団にも所属する、つまり両方の側面をもっています。ところがこの数万年、ほとんど脳の大きさが発達しなくなったのです。下手をすると、退化しているかもしれません。

その理由を探すと、言語の発達や技術の進化によってコミュニケーション手段が増え、150人以上を認識しなくてよくなったことが要因だと言われています。そうして他者への関心を失ったことで、脳は退化しかけているのだと考えられます。

もう一つ、脳の進化と関わる事象として、五感などの「感覚」にも変化が見られます。

例えば、繊細すぎる感覚を持つ人や、種類の違う感覚を知覚する「共感覚」の能力を持つ人が増えています。共感覚というのは、「味に色を感じる」などの不思議な感覚です。

現代を生きる私たちの脳は、シンボルとして強い力を持つ神代文字によって、活性化が促されるでしょう。その形状を覚えておこうとする脳が、感覚の広がりを助けてくれているのではないか、そう思うのです。そして今、見えない世界に興味を持つ人が増えているのは、脳が進化を求めて、うずうずしているからなのではないかとも……。

すっかり頭が固くなって、他者への興味を失いかけている私たちに、この神秘の文字を通じて、古代人の呼びかけが聞こえるような気がします。

2023年4月　秋山眞人

不思議《ふしぎ》な文字《もじ》たちを書《か》き込《こ》んで、
神秘《しんぴ》の力《ちから》を自分《じぶん》に宿《やど》す

幸運《こううん》を引《ひ》き寄《よ》せる
神代文字《しんだいもじ》なぞり書《が》き帖《ちょう》

2023年5月10日　第1刷発行

著　者　秋山《あきやま》眞人《まこと》
発行者　吉田芳史
印刷所　株式会社文化カラー印刷
製本所　大口製本印刷株式会社
発行所　株式会社 日本文芸社
〒100-0003 東京都千代田区一ツ橋1-1-1
パレスサイドビル8F
TEL 03-5224-6460（代表）

Printed in Japan
112230426-112230426 Ⓝ 01（310092）
ISBN978-4-537-22106-0

（編集担当：藤井）

内容に関するお問い合わせは、
小社ウェブサイトお問い合わせフォームまでお願いいたします。
https://www.nihonbungeisha.co.jp/

秋山眞人（あきやま・まこと）

1960年生まれ。国際気能法研究所所長。作家、画家。また、コンサルティングや映画評論も手がける。大正大学大学院博士課程前期修了。13歳の頃から超能力少年、コンタクティーとしてメディアで話題を呼ぶ。ソニー、富士通、日産、ホンダなどの一流企業で、超能力開発や未来予測のプロジェクトに関わる。呪力や念力、シンクロニシティ、運命の波に乗る方法などをはじめとする精神世界や、シュメールなど古代文明の調査、取材等を精力的にこなし、テレビをはじめとするメディア出演多数。『強運が来る 兆しの法則』、『怖いほど願いがかなう 音と声の呪力』（ともに河出書房新社）など、著書は100冊を超える。

公式ホームページ
https://makiyama.jp/

Staff

編集・DTP　株式会社レクスプレス
編集協力　杉浦美佐緒
デザイン　シモサコグラフィック
イラスト　たまきち
著者撮影　天野憲仁（日本文芸社）

八卦

1

乾（けん）

キリトリ線

このページは、八卦が「1」の方のための「My御守」の台紙です。キリトリ線に沿って直接切り取っても、コピーをして使ってもかまいません。願い事に効く祝詞や神様の名前などを自由に書いて持ち歩き、御守のパワーをいただきましょう。

八卦

2

兌（だ）

キリトリ線

このページは、八卦が「2」の方のための「My御守」の台紙です。キリトリ線に沿って直接切り取っても、コピーをして使ってもかまいません。願い事に効く祝詞や神様の名前などを自由に書いて持ち歩き、御守のパワーをいただきましょう。

八卦

3

離（り）

✂ キリトリ線

このページは、八卦が「3」の方のための「My御守」の台紙です。キリトリ線に沿って直接切り取っても、コピーをして使ってもかまいません。願い事に効く祝詞や神様の名前などを自由に書いて持ち歩き、御守のパワーをいただきましょう。

八卦

4

震（しん）

キリトリ線

このページは、八卦が「4」の方のための「My御守」の台紙です。キリトリ線に沿って直接切り取っても、コピーをして使ってもかまいません。願い事に効く祝詞や神様の名前などを自由に書いて持ち歩き、御守のパワーをいただきましょう。

八卦

5

巽（そん）

キリトリ線

このページは、八卦が「5」の方のための「My御守」の台紙です。キリトリ線に沿って直接切り取っても、コピーをして使ってもかまいません。願い事に効く祝詞や神様の名前などを自由に書いて持ち歩き、御守のパワーをいただきましょう。

八卦

6

坎（かん）

キリトリ線

このページは、八卦が「6」の方のための「My御守」の台紙です。キリトリ線に沿って直接切り取っても、コピーをして使ってもかまいません。願い事に効く祝詞や神様の名前などを自由に書いて持ち歩き、御守のパワーをいただきましょう。

八卦

7

艮（ごん）

キリトリ線

このページは、八卦が「7」の方のための「My御守」の台紙です。キリトリ線に沿って直接切り取っても、コピーをして使ってもかまいません。願い事に効く祝詞や神様の名前などを自由に書いて持ち歩き、御守のパワーをいただきましょう。

八卦

8

坤（こん）

キリトリ線

このページは、八卦が「8」の方のための「My御守」の台紙です。キリトリ線に沿って直接切り取っても、コピーをして使ってもかまいません。願い事に効く祝詞や神様の名前などを自由に書いて持ち歩き、御守のパワーをいただきましょう。

特別付録

超強力！

秋山眞人先生直筆 万能護符

左記は秋山眞人先生が本書のために書き下ろした「万能護符」。強い呪力を持ち、あらゆる運気を上げてくれます。よく目にするところに置いたり、持ち歩いたりしましょう。

上記は先生直筆の「マコト」をあしらった特別御守。素晴らしいシンクロニシティを起こす祝詞が書かれています。

キリトリ線